Délices de Soupes

Manuel Laguens

Délices de Soupes

Introduction : Solveig Darrigo, diététicienne

Éditions OUEST-FRANCE

Sommaire

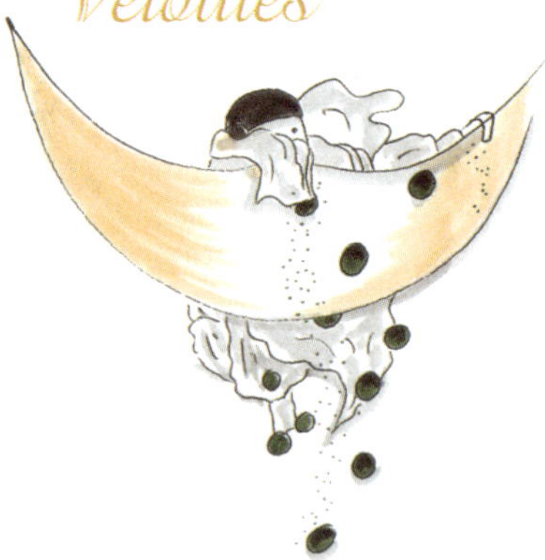

Introduction

par Solveig Darrigo, diététicienne

Augmenter notre consommation de fruits et légumes représente pour la plupart d'entre nous, pris par le rythme accéléré de la vie moderne, un effort significatif !
La structure de nos repas se simplifie et le menu se résume souvent à un plat unique. Or, « unique » ne signifie pas « complet », car la disparition d'une entrée de légumes ou d'un dessert à base de fruit engendre un manque certain de vitamines, sels minéraux, fibres et autres éléments nutritifs bénéfiques pour notre santé.
Alors, n'attendez plus qu'un manque d'énergie, une mauvaise digestion ou un léger excès de poids vienne troubler votre vitalité ! Rééquilibrer dès maintenant la situation en intégrant quotidiennement, et à chaque repas, des légumes et des fruits dans vos menus. Et pour quoi pas sous forme de soupe ? En guise d'entrée, de plat principal ou même de dessert fruité, toutes les recettes sont bonnes pour se faire du bien.

« **Délices de soupes** » propose :

– des recettes savoureuses où les légumes verts, céréales, légumineuses (légumes secs) et fruits sont à l'honneur ;
– des idées, de l'entrée au dessert ;
– des menus pour augmenter nos apports en minéraux, vitamines et fibres, tout en se faisant plaisir.

Les végétaux à l'honneur

Tendance soupe ?

Aujourd'hui, inutile de dire : « Mange ta soupe ! » sur un ton directif. Il s'agit plutôt de savoir : « Quelle soupe veux-tu ? » Déclinées sous toutes les formes, les soupes se servent chaudes ou froides, salées en entrée ou sucrées en dessert, leur texture va du limpide bouillon à la crème plus épaisse, leur saveur reste ancrée dans la tradition ou s'éloigne par son exotisme...
Est-ce pour sa diversité et son intemporalité que la soupe reste « tendance » ?
Pas seulement, la soupe a de sérieux atouts nutritionnels.

Quel est l'intérêt de manger de la soupe ?

- **Riche en eau** (jusqu'à 90 %), elle nous hydrate efficacement. L'hiver, elle représente un bon complément des boissons, surtout lorsqu'on pense moins à boire. Ensuite, comme les légumes y détiennent le rôle principal, nous profitons de leur richesse en vitamines (B 9 surtout), en sels minéraux (potassium, calcium, magnésium) et en fibres.

- **Chaque légume** ayant une composition nutritionnelle caractéristique, le mélange de plusieurs légumes élargit la palette des éléments nutritifs.

- **Pour la vitamine C,** il faut miser sur les soupes froides de légumes crus, type gaspacho (tomate ou concombre), et les versions sucrées à base de fruits frais (pêche, melon, etc.). Les herbes aromatiques offrent aussi une grande richesse envitamine C, à condition de les ajouter au moment de servir.

● **Les soupes chaudes,** en revanche, contiennent peu de vitamine C, en raison du temps de stockage des légumes et de leur cuisson.

● **Pour limiter les pertes** en vitamines et sels minéraux, mieux vaut acheter les légumes frais un minimum de temps avant de les cuisiner. Épluchez-les finement car les pertes peuvent atteindre 25 % si les peaux sont épaisses.
Rincez-les à l'eau froide sans les laisser tremper, car certains sels minéraux et vitamines sont solubles dans l'eau !

● **Côté fibres,** leur présence initiale dans les végétaux diminue fortement une fois la soupe moulinée.
D'où l'intérêt des petits morceaux de légumes, comme dans le minestrone, champion pour son taux de fibres.
Les fibres, bénéfiques pour le transit intestinal, ont aussi un effet rassasiant non négligeable, tout comme l'amidon des pommes de terre, ou des féculents (vermicelle, lentilles, etc.). D'ailleurs, la sensation d'estomac plein se ressent vite après la consommation d'une soupe.
Pour cette raison, commencer un repas par une soupe s'avère très intéressant pour apaiser la faim et modérer l'appétit sur le reste du repas.

● **Dans le cas d'une recette plus copieuse,** elle peut devenir le plat principal. Celle à base de fruit, voire d'un mélange fruit-légume, constitue quant à elle un dessert original rafraîchissant.

Au final, la plupart des soupes apportent peu de calories, à condition de ne pas abuser de matière grasse dans la recette ou de fromage râpé.
Cette précaution influence en parallèle une bonne digestion, alors vigilance !

Après ce portrait nutritionnel positif,
ce serait dommage d'être privé de soupe !

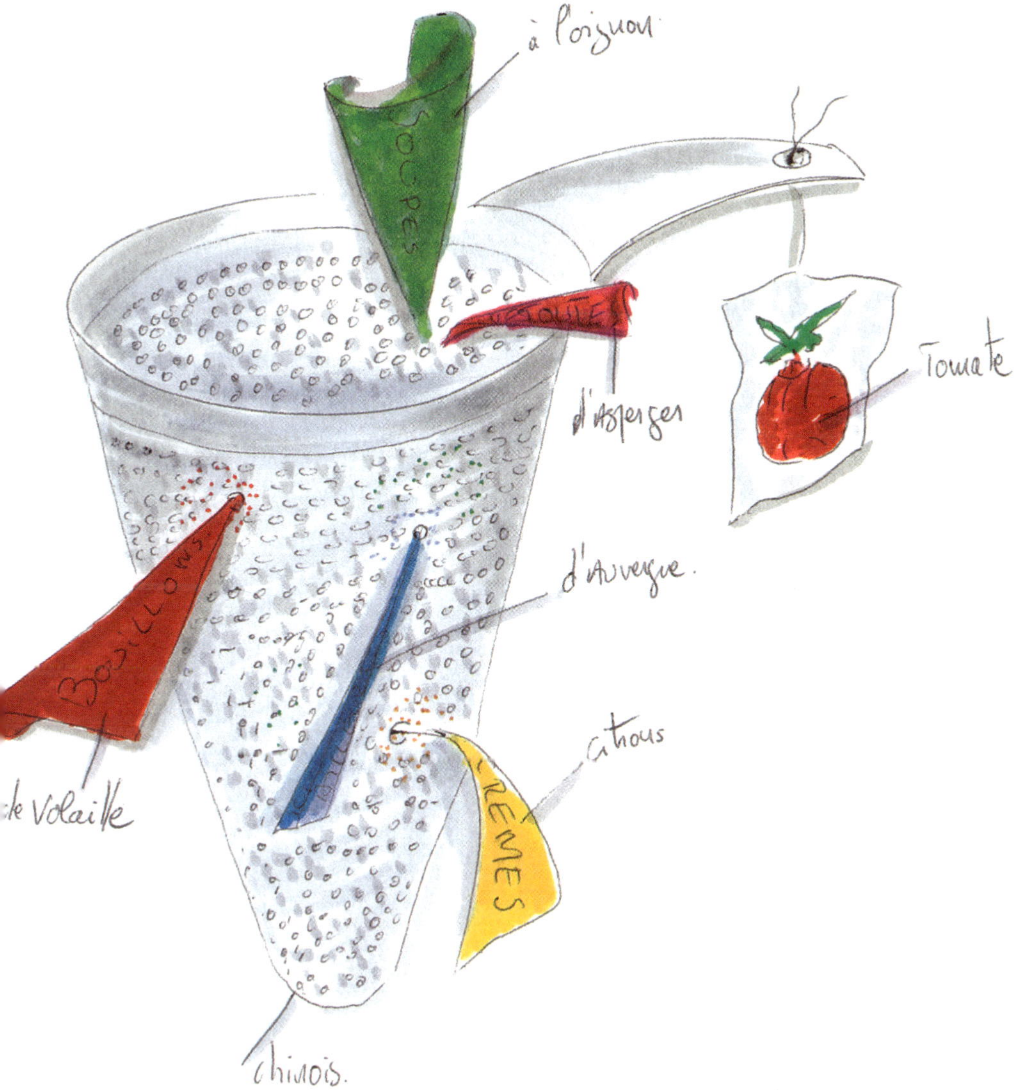
à l'oignon
SOUPES
d'asperges
Tomate
BOUILLONS
volaille
d'Auvergne.
citrons
CRÈMES
chinois.

Bou

Bouillons

À chacun son régime, *bouillon de tofu simple et rapide*

Pour 2 personnes

1 morceau de tofu nature
2 feuilles d'algues séchées
2 cuillerées à soupe de soja
1 cuillerée à café d'alcool de riz
1 cuillerée à soupe de grains de sésame
1 l d'eau

Porter l'eau à ébullition.
Couper le tofu en plusieurs morceaux,
mettre ceux-ci dans l'eau bouillante
avec l'algue découpée, le soja,
l'alcool de riz
et les graines de sésame.
Servir dans deux petits bols.

« À la renverse », *bouillon de vermicelles*

Pour 4 personnes
3 oignons de Roscoff
1 gousse d'ail rose
5 cl d'huile d'olive
250 g de vermicelles
1 poignée de feuilles de persil plat
2 blancs de poulet finement émincés
poivre

Couper les oignons en rondelles,
les faire revenir à la poêle
dans un fond d'huile d'olive jusqu'à coloration.
Préparer le bouillon dans une grande casserole :
remplir le récipient d'eau, y mettre les oignons,
l'ail pelé, démarrer la cuisson à froid et,
à frémissement, jeter le poulet et les vermicelles.
Garder une température élevée,
mais sans atteindre le point d'ébullition,
pendant 20 min.
Ajouter le persil plat en fin de cuisson.
Poivrer.
Servir avec un pain aux céréales
tranché et grillé.

Bouillon aux palourdes
sauce miso

POUR 4 PERSONNES
500 g de palourdes
15 cl de sauce soja
1 cuillerée à café de vinaigre de riz
3 cuillerées à soupe de bonite séchée (produit japonais)
30 cl d'eau
1 botte de coriandre
1 morceau de tofu nature

Ouvrir les palourdes à la vapeur. Réserver.
Faire un bouillon avec le soja, le vinaigre, la bonite. Porter à ébullition, rallonger avec de l'eau si nécessaire.
Y plonger les palourdes, cuire 5 min.
Couper le tofu en morceaux, l'ajouter au bouillon.
Servir avec les feuilles de coriandre hachée.

Bouillon de légumes
aux ravioles

POUR 4 PERSONNES
5 carottes
2 pommes de terre
2 poireaux
1 branche de céleri
1 plaque de ravioles par personne
1 oignon
1 gousse d'ail
1 bouquet garni
3 l d'eau
sel et poivre

Laver et émincer les légumes, les mettre dans une grande casserole, ajouter l'eau, le bouquet garni, saler, poivrer. Cuire à couvert deux bonnes heures.
À l'aide d'une écumoire, retirer les légumes puis passer le bouillon au chinois très fin pour le filtrer. Plonger les ravioles une minute dans le bouillon en fin de cuisson.
Servir chaud.

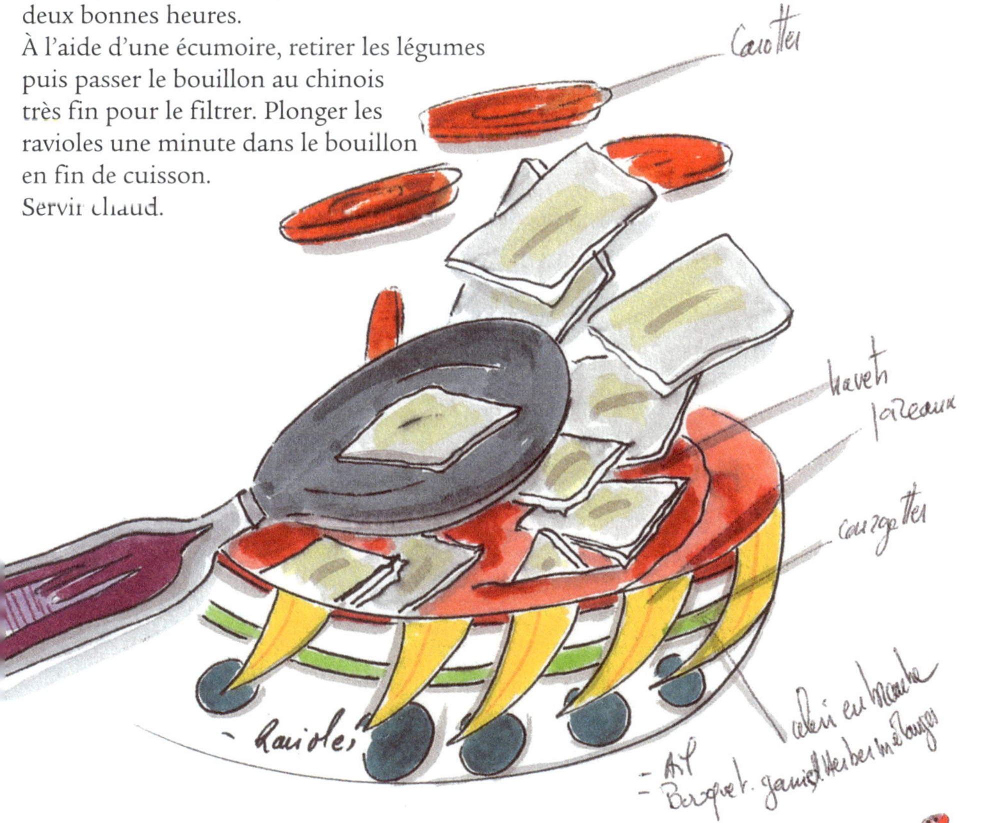

Pour une fois, faire plaisir à son foie

Bouillon de thym

Pour 2 personnes
1 bouquet de thym frais (si possible)
1 gousse d'ail
1 l de bouillon de légumes
1 pincée de sel

Faire infuser le thym et l'ail dégermé dans le bouillon de légumes salé pendant 30 min à feu doux. Boire chaud sans modération.

Bouillon sans plumes

Pour 4 personnes
1 ananas bien mûr
50 cl de bouillon de volaille dégraissé
3 blancs de poulet
1 cuillerée à soupe de grains de moutarde
sel et poivre du moulin

Couper les blancs de poulet en cubes, les faire revenir dans un wok ou une poêle. Détailler l'ananas en retirant les yeux (petits tubercules à l'extérieur de la chair). Couper en cubes et broyer au mixeur en y ajoutant les grains de moutarde, allonger avec le bouillon de volaille et faire chauffer le tout dans une casserole. Saler et poivrer.

Bouillon tonique
crevettes-gingembre

POUR 4 PERSONNES
16 crevettes (grosse taille)
1 petit morceau de gingembre frais
1 tige de citronnelle
50 cl de bouillon de volaille
1 cuillerée à soupe d'huile d'olive
1 pincée de piment doux
1 oignon haché
1 cuillerée à café de sucre roux
sel et poivre

Ébouillanter les crevettes 1 min, passer sous l'eau froide et retirer les têtes.
Peler le gingembre et le trancher finement.
Couper la citronnelle en petits morceaux.
Mettre le bouillon de volaille à chauffer, ajouter tous les ingrédients sauf les crevettes. Porter à ébullition.
Plonger les crevettes et cuire à feu doux 3 min.
Saler.

Infusion de lotte *à la verveine*

POUR 4 PERSONNES
400 g de lotte (queue)
40 g de beurre
1,5 l d'eau
1 gousse d'ail
20 g de feuilles de verveine
6 feuilles de menthe poivrée
sel et poivre noir du moulin

Couper la queue de lotte en morceaux (3 cm sur 3 cm).
Les poêler au beurre de chaque côté pendant 1 min. Réserver.
Porter l'eau à ébullition, ajouter une gousse d'ail dégermée.
Faire infuser les feuilles de verveine, ajouter les morceaux de lotte et cuire à feu doux 10 min.
Servir le bouillon et ajouter les feuilles de menthe, poivrer, saler.

Le bouillon du dragon

« Il vous sera difficile de trouver le dragon, mais avec un peu d'imagination… »

Pour 4 personnes

50 cl de bouillon de poulet
6 crevettes cuites décortiquées
2 champignons noirs
30 g de petit pois
1 oignon blanc haché
1/2 morceau de tofu
2 tomates coupées en dés
1 cuillerée à café de sauce soja
1 cuillerée à café d'huile de sésame
2 cuillerées à soupe de vinaigre de riz
1 cuillerée à soupe de poivre du Sichuan
1 cuillerée à café de piment en poudre
sel et poivre blanc moulu

Mettre le bouillon de poulet à chauffer, ajouter les crevettes, les champignons, les tomates, les petits pois, la sauce soja et l'huile de sésame puis porter à ébullition.
Continuer la cuisson à feu doux 2 à 3 min.
Juste avant de servir, ajouter le vinaigre de riz, le sel, le poivre et le piment.
Saupoudrer d'oignon haché. Déposer le tofu coupé en cubes.
Si le bouillon est trop clair, y ajouter une cuillerée à soupe de Maïzena et un œuf battu.

Les Saint-Jacques *tournent à l'orange*

Pour 4 personnes
500 g de carottes
12 noix de Saint-Jacques
1 gousse d'ail
10 g de beurre salé
30 cl de bouillon de volaille
20 g de crème fraîche
sel et poivre

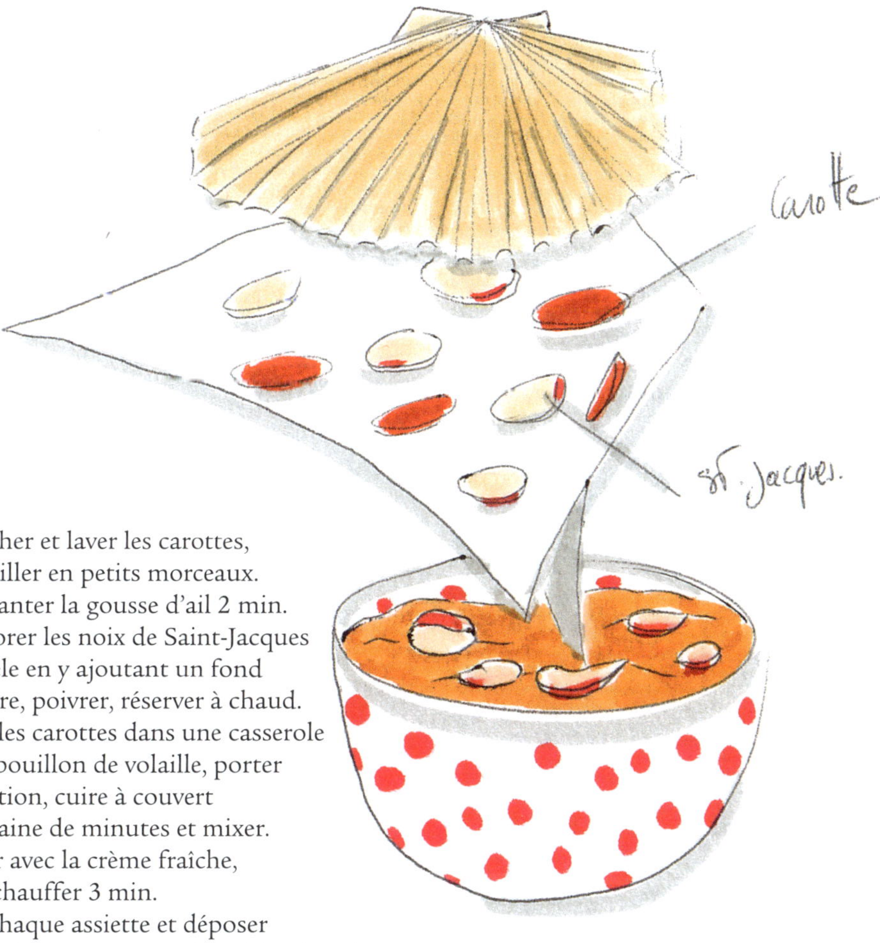

Eplucher et laver les carottes, les détailler en petits morceaux. Ebouillanter la gousse d'ail 2 min. Faire dorer les noix de Saint-Jacques à la poêle en y ajoutant un fond de beurre, poivrer, réserver à chaud. Mettre les carottes dans une casserole avec le bouillon de volaille, porter à ébullition, cuire à couvert une dizaine de minutes et mixer. Epaissir avec la crème fraîche, laisser chauffer 3 min. Servir chaque assiette et déposer les noix de Saint-Jacques. Rectifier l'assaisonnement.

« Qui prend le dessus ? », *bouillon de poulet à la coriandre*

Pour 4 personnes
1 bouquet de coriandre fraîche
2 l de bouillon de volaille
1 cuillerée à soupe de poivre du Sichuan
1/2 citron vert
3 escalopes de poulet (coupées en cubes)
1 cuillerée à soupe de miel liquide
sel et poivre du moulin

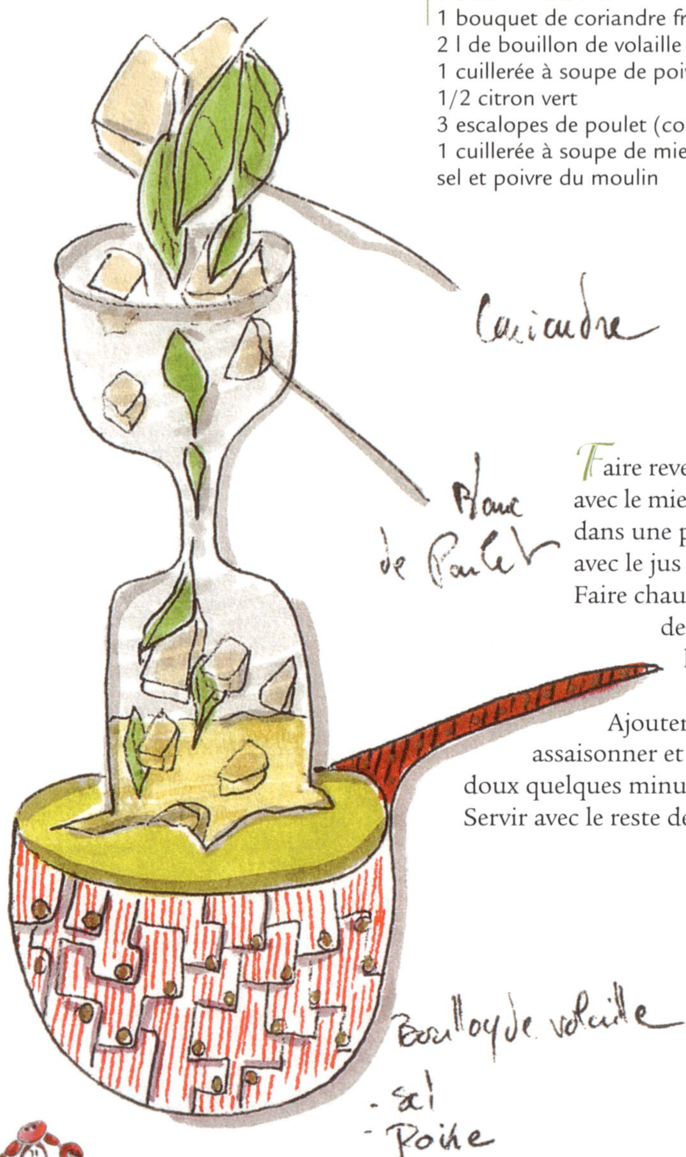

Faire revenir les blancs de poulet avec le miel et le poivre de Sichuan dans une poêle puis déglacer avec le jus de citron.
Faire chauffer le bouillon de volaille en y ajoutant la moitié du bouquet de coriandre.
Ajouter les cubes de volaille, assaisonner et laisser tremper à feu doux quelques minutes (th. 3/4).
Servir avec le reste de la coriandre.

Trompettes en pistons

POUR 4 PERSONNES
200 g de champignons trompettes
1 l de bouillon de volaille
500 g de pâtes fraîches (tagliatelles)
1 cuillerée à soupe de baies rouges
sel et poivre

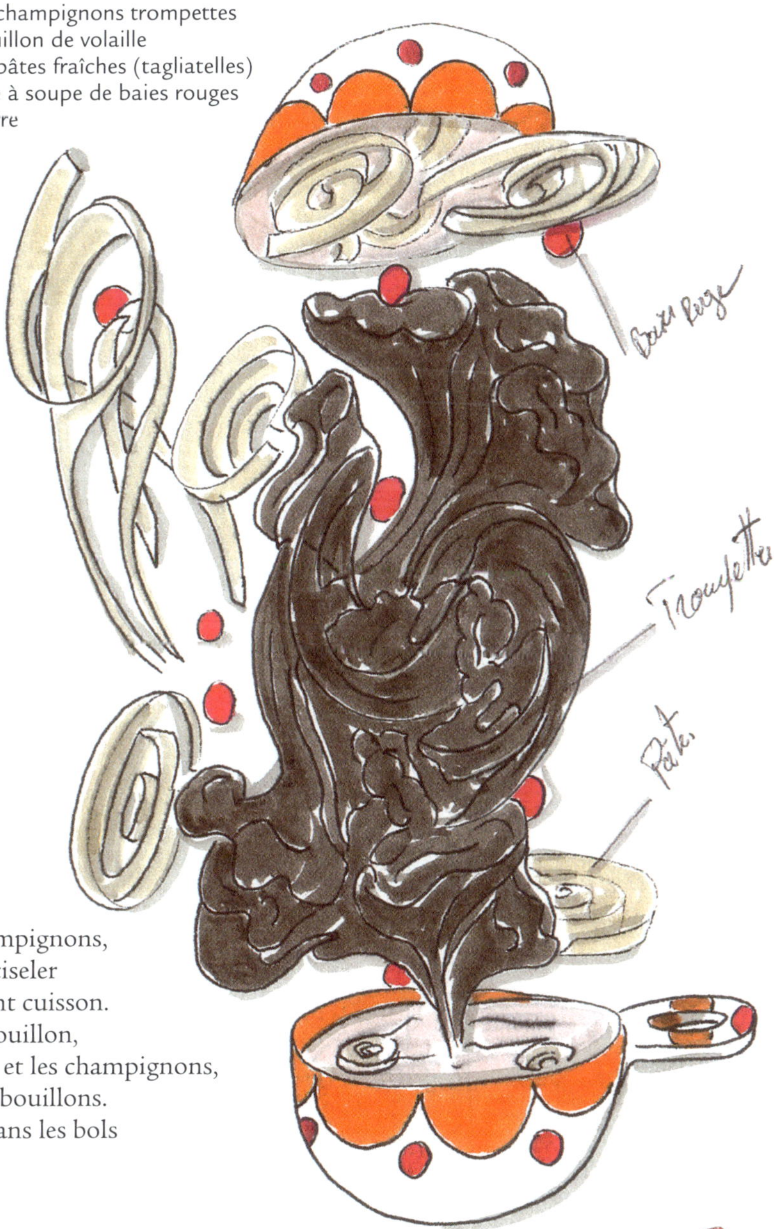

Nettoyer les champignons, les blanchir et les ciseler grossièrement avant cuisson. Faire chauffer le bouillon, y plonger les pâtes et les champignons, cuire 2 min à gros bouillons. Ajouter les baies dans les bols avant de servir.

Crè

Crèmes

Crèmes

Crème d'anchois
et miettes d'olives

Pour 4 personnes

2 boîtes de filets d'anchois (12 anchois)
40 cl de bouillon de légumes
10 cl de crème liquide
1 boîte d'olives noires dénoyautées
1 gousse d'ail rose
1/2 botte de ciboulette
3 cuillerées à soupe d'huile d'olive
sel et poivre du moulin

Hacher au couteau une dizaine d'olives et deux tiges de ciboulette. Réserver pour la présentation. Mettre dans un mixeur les anchois, la ciboulette, la crème, l'ail, les olives, l'huile d'olive. Mixer. Faire chauffer le bouillon, le porter à ébullition, ajouter le mélange et faire chauffer 2 min. Assaisonner. Au moment de servir, saupoudrer chaque assiette de copeaux d'olive et ciboule. S'accompagne de croûtons.

Crème d'avocats
aux crevettes

Pour 4 personnes
4 avocats
200 g de crevettes roses
15 cl de vin blanc sec
1 jus de citron vert
10 cl de crème fraîche
sel et poivre du moulin

Peler les avocats, retirer le noyau, écraser la chair, mélanger avec le vin blanc et le jus de citron. Saler, poivrer.
Mettre le mélange dans une casserole d'eau, cuire à feu doux une quinzaine de minutes.
Lier avec la crème fraîche.
Chauffer les crevettes à la vapeur, les décortiquer.
Servir la crème avec les crevettes.

Crème de céleri
en nage de magret

POUR 4 PERSONNES

1 céleri-rave
2 blancs de poireau
12 petites tranches de magret fumé
1 gousse d'ail
50 g de beurre
25 cl de lait entier
30 cl de bouillon de volaille
3 brins de cerfeuil
sel et poivre

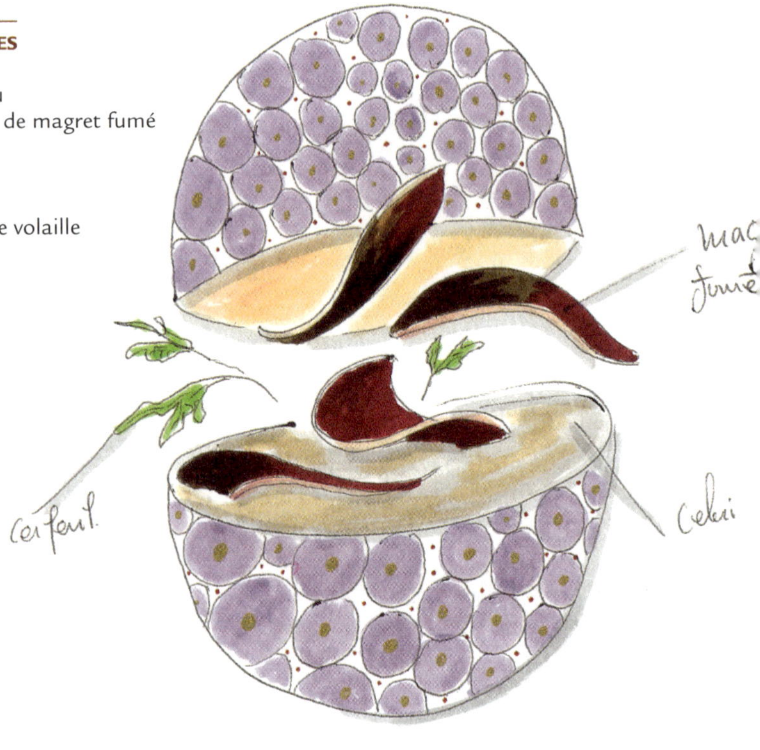

Eplucher le céleri et le couper en plusieurs morceaux.
Laver et couper les blancs de poireau en morceaux.
Ecraser la gousse d'ail à l'aide du dos d'un couteau.
Faire chauffer le tout dans une grande casserole à couvert en y ajoutant le beurre, laisser suer à feu doux 12 min.
Verser ensuite le lait et le bouillon de volaille, continuer de cuire 30 min à feu doux.
Mixer le tout et filtrer à l'aide d'une passoire (chinois), verser la crème fraîche, saler et poivrer.
Servir la crème dans des assiettes à soupe en déposant trois tranches de magret sur le dessus. Décorer de feuilles de cerfeuil.

Crème de cèpes *aux fougères*

POUR 4 PERSONNES
250 g de cèpes
10 g de beurre
10 cl de crème fleurette
50 cl de bouillon de volaille
2 cuillerées à soupe d'huile d'olive
50 g de pousses de fougère
1 cuillerée à soupe de soja

Nettoyer les champignons, les émincer.
Faire blondir à l'huile d'olive.
Mettre les champignons dans une casserole, mouiller avec le bouillon de volaille et porter à ébullition. Cuire à feu doux 10 min.
Mixer le bouillon, ajouter le beurre et la crème fleurette.
Blanchir les pousses de fougère, les tremper dans le soja.
Servir la crème dans les bols, saupoudrer de fougère.

Crème de châtaignes *et langues d'oursins*

POUR 4 PERSONNES
600 g de châtaignes épluchées
30 cl de crème liquide
50 cl de bouillon de volaille
20 g de beurre
4 oursins (demander à son poissonnier d'ouvrir les oursins)
1 pincée de réglisse en poudre
tranches de pain (baguette)
sel et poivre du moulin

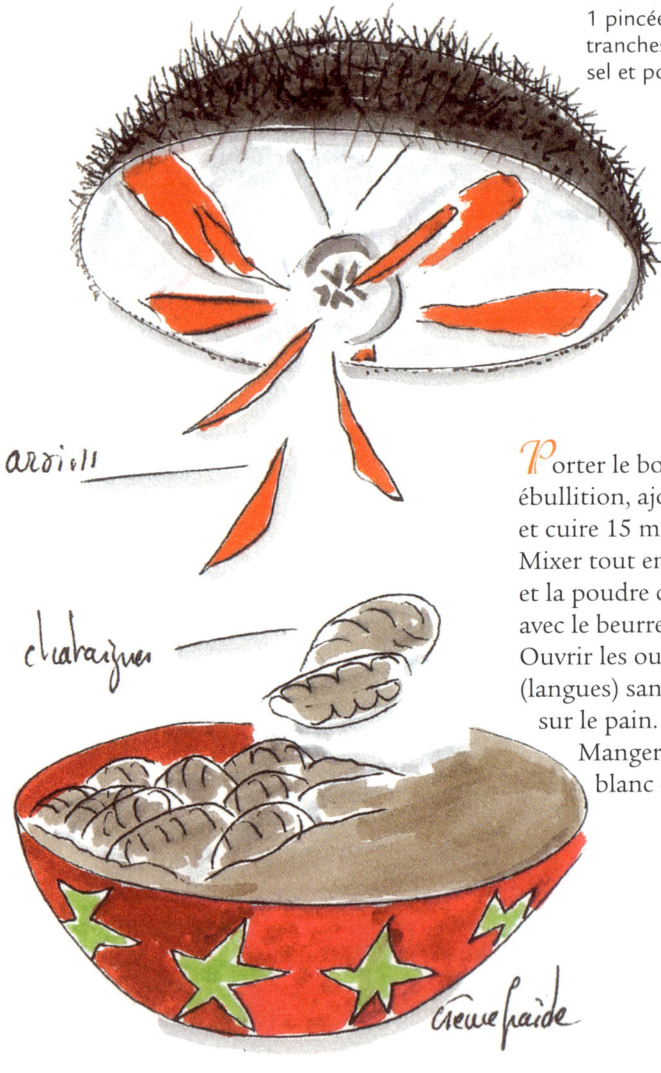

Porter le bouillon de volaille à ébullition, ajouter les châtaignes et cuire 15 min à couvert à feu doux. Mixer tout en versant la crème liquide et la poudre de réglisse, détendre avec le beurre, rectifier l'assaisonnement. Ouvrir les oursins, recueillir les œufs (langues) sans les casser et les déposer sur le pain.

Manger à température avec un vin blanc du Roussillon.

Crème de champignons

POUR 4 PERSONNES
500 g de champignons de Paris frais
2 poires
50 g de crème fraîche épaisse
1 filet d'huile de noisette
20 g de beurre salé
1 l de bouillon de légumes
sel et poivre du moulin

Nettoyer les champignons, les couper en morceaux.
Les faire revenir dans le beurre 2 min
avec les morceaux de poires.
Ajouter le bouillon de légumes.
Saler, poivrer et laisser cuire à feu doux 20 min.
Mixer le tout, détendre de crème fraîche.
Ajouter l'huile de noisette.
Manger chaud.
S'accompagne de croûtons
et parmesan râpé.

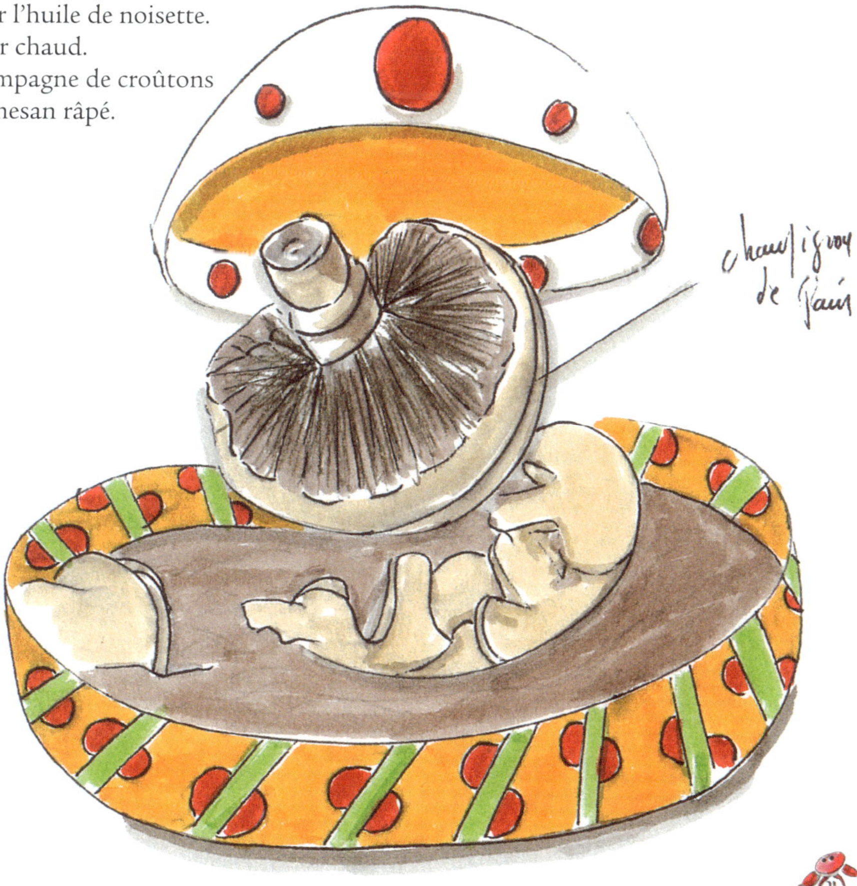

Crème de chou-fleur
et poutargue en copeaux

Pour 6 personnes
1 chou-fleur
25 cl de crème liquide
50 cl de bouillon
1 gousse d'ail
1 cuillerée à soupe d'huile d'olive
1 morceau de poutargue
sel et poivre du moulin

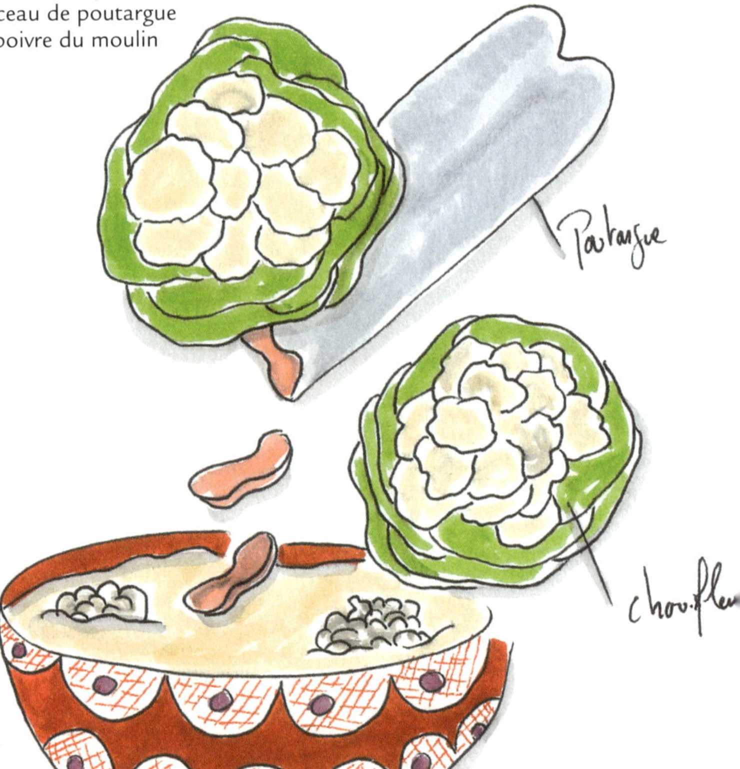

Cuire à la vapeur
le chou-fleur
et l'ail pelé, mixer
avec la crème liquide, saler.
Porter le bouillon à ébullition,
ajouter le chou-fleur, cuire 4 min à feu doux.
Mixer le tout, poivrer et napper d'huile d'olive.
Servir dans des assiettes creuses.
Couper en fines tranches la poutargue et la poser sur la crème.

Crème d'endives *au tarama*

POUR 4 PERSONNES
1 livre d'endives
20 cl de lait entier
15 cl de crème fraîche
1 pincée de cumin en poudre
50 cl de bouillon de volaille
50 g de beurre
1/2 jus de citron jaune
100 g de tarama

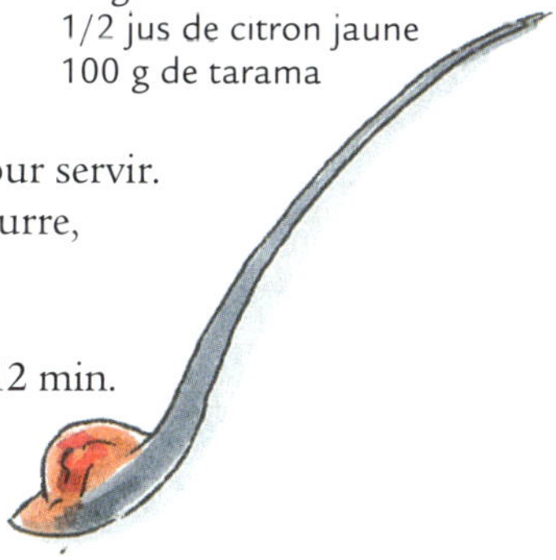

Effeuiller les endives, réserver six feuilles pour servir.
Faire chauffer les endives dans un fond de beurre,
les faire blondir et arroser du jus de citron.
Mettre les endives dans une casserole,
verser le bouillon de volaille et cuire à couvert 12 min.
Ajouter le lait, la crème, le cumin
et mixer le tout.
Chauffer une nouvelle fois
et passer au chinois.
Saler, poivrer.

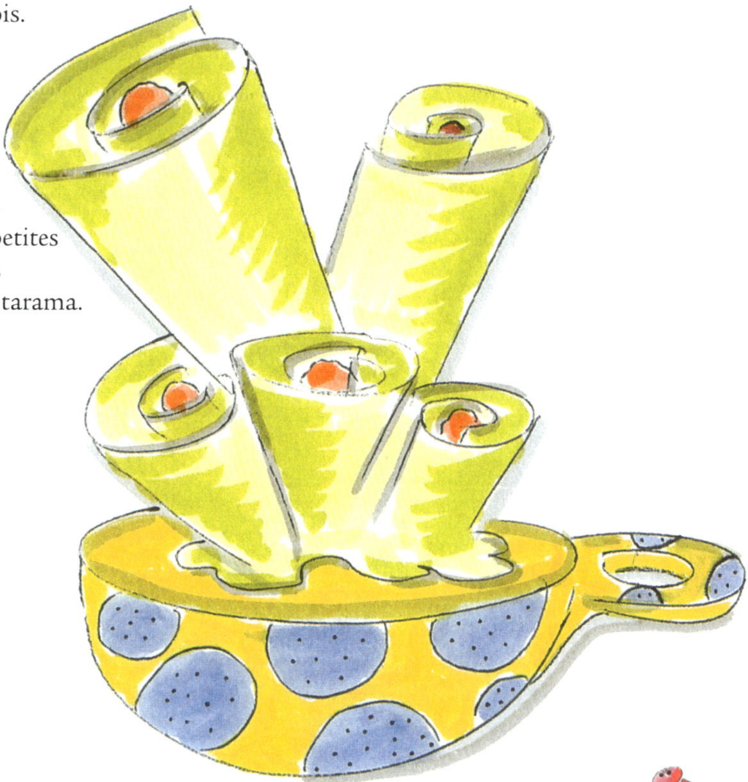

Servir les assiettes
en y ajoutant de petites
navettes d'endives
accompagnées de tarama.

« A l'amande mon petit pois »

Pour 4 personnes
1 kg de petits pois écossés
100 g d'amandes effilées
1 bouquet de persil plat
3 branches de persil frisé
25 cl de crème fraîche liquide
sel
poivre du moulin

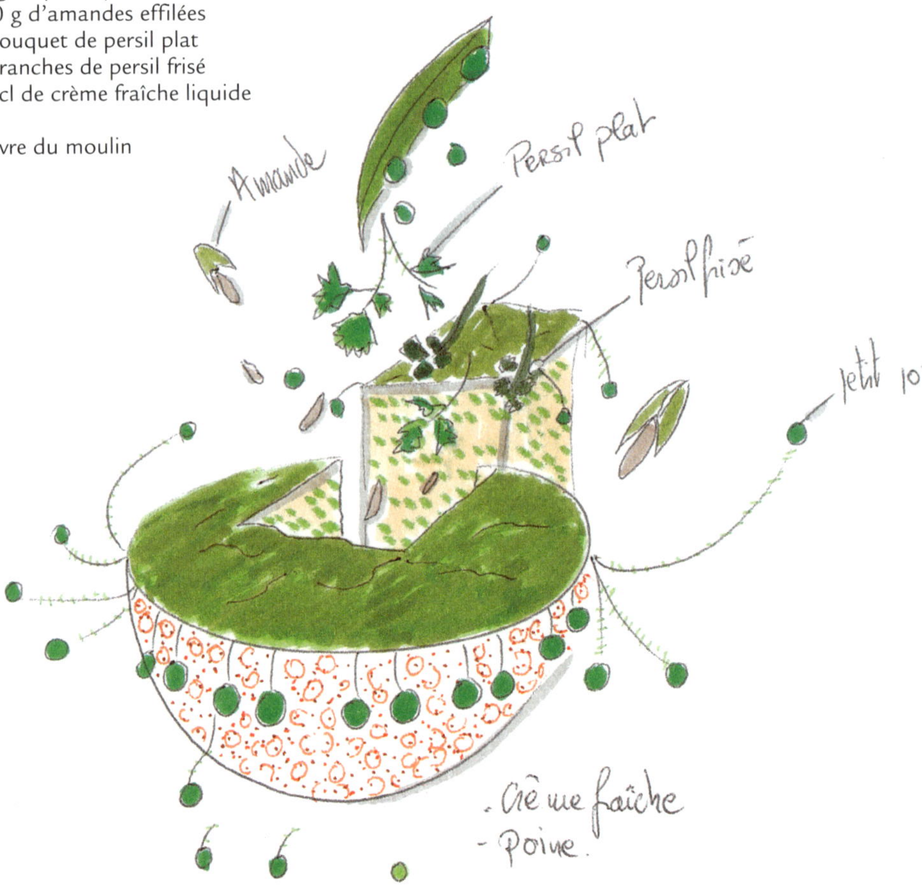

Plonger les petits pois dans l'eau bouillante 5 min. Les égoutter.
Blanchir les amandes 1 min dans l'eau bouillante.
Laver et effeuiller les brins de persil.
Mixer à l'aide d'un robot.
Faire chauffer à feu doux le mélange en y ajoutant la crème liquide.
Poivrer généreusement et saler.
Bien remuer, laisser cuire une dizaine de minutes.
Servir, rectifier l'assaisonnement.
Se mange avec des gressins.

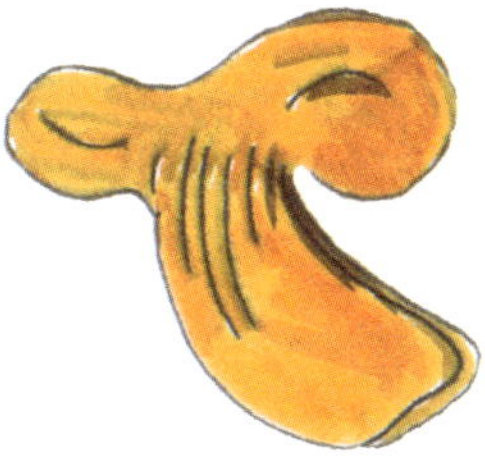

Girolles *en nage*

POUR 4 PERSONNES
250 g de girolles
50 g de beurre
1 gousse d'ail
20 cl de crème fraîche
50 cl de bouillon de volaille
sel et poivre du moulin

Brosser et laver les champignons,
les égoutter sur un papier absorbant.
Les faire revenir à la poêle dans un fond de beurre.
Ecraser la gousse d'ail, retirer le germe,
la faire revenir dans la poêle.
Réserver la moitié des girolles, mixer l'autre moitié
avec le bouillon de volaille.
Faire chauffer le mélange à feu doux.

Ajouter la crème fraîche, l'ail, du sel et du poivre.
Bien remuer.
Détendre au besoin avec un peu de beurre.
Verser le mélange dans une
soupière, et parsemer
des girolles restantes.
Peut accompagner
une volaille.

Une violette *au gouda*

Pour 4 personnes
400 g de pommes de terre bleues
30 cl de crème fraîche liquide
1 l de lait
1 morceau de vieux gouda
1 cuillerée à soupe d'huile de sésame
sel de Guérande et poivre gris

Détailler le gouda à l'aide d'un économe.
Ébouillanter les pommes de terre,
les peler puis les cuire à l'eau 20 min.
Égoutter, écraser les pommes de terre,
mouiller avec le lait et porter à ébullition.
Mixer en ajoutant la crème fraîche
et un filet d'huile de sésame.
Saler, poivrer.
Servir en répartissant
les copeaux de gouda
dans les assiettes creuses.

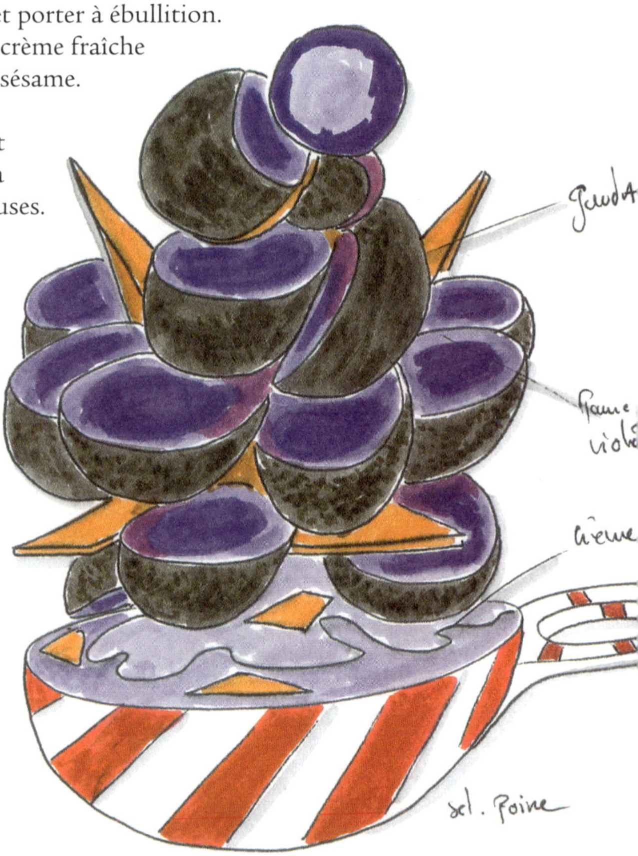

Vice-versa

bain d'aubergines

POUR 4 PERSONNES

3 aubergines de taille moyenne
3 cl d'huile de sésame
5 cl de crème liquide
1 cuillerée à soupe de grains de sésame dorés
sel et poivre du moulin

Cuire les aubergines entières à four chaud (th. 8) pendant 35 min.
Retirer la peau de chaque aubergine, récupérer la chair, puis la passer au mixeur, ajouter la crème, l'huile de sésame, saler et poivrer.
Saupoudrer de sésame avant de servir.
Se mange tiède.

Sou

Soupes

A chacun sa panade

Pour 4 personnes
150 g de pain de campagne en tranches (dur)
1 oignon jaune
3 gousses d'ail
75 cl d'eau
1 cuillerée à soupe d'huile d'olive
10 g de beurre
1 l de lait
2 jaunes d'œufs extra frais
1 cuillerée à soupe de farine de maïs
sel et poivre

Peler et hacher l'oignon, écraser l'ail, dégermer. Les faire revenir dans un fond d'huile, saler.
Faire dorer le pain sur chaque face avec le beurre à feu doux puis saupoudrer les faces de farine.
Faire chauffer dans une casserole le lait et l'eau, ajouter l'ail et l'oignon, les tranches de pain. Poivrer, cuire à feu doux 35 min.
Servir sur les jaunes d'œufs battus mis dans une soupière.

« Larguer la soupe »

POUR 4 PERSONNES
400 g de lard
100 g de petit salé
15 g de graisse d'oie

4 carottes
2 gousses d'ail
1 oignon jaune
1 branche de céleri
1 bouquet garni
1 louche de haricots secs
3 l d'eau
sel et poivre du moulin

Faire tremper les haricots 12 h.
Couper le lard en petits morceaux, les poêler dans un fond de graisse d'oie 4 min en les faisant sauter.
Laver les carottes et les couper en rondelles.
Ecraser les gousses d'ail et dégermer.
Emincer l'oignon, couper la branche de céleri.
Verser dans une marmite en fonte les morceaux de lard, le petit salé et tous les légumes, remplir d'eau. Saler, poivrer. Porter à ébullition, ajouter les haricots, mélanger à l'aide d'une cuillère en bois et cuire à feu doux deux bonnes heures
Servir chaud.

Le Canigou comme décor, *l'ouillade*

Pour 10 personnes
2 jarrets de porc
3 boudins noirs
1 chou vert
2 poireaux
8 jeunes navets
10 pommes de terre
2 branches de céleri
8 carottes
1 gousse d'ail
1 brin de thym
1 feuille de laurier
2 l d'eau
sel et poivre du moulin

Préparer le porc
Blanchir les jarrets, les plonger dans une grande casserole 5 min, égoutter et réserver.

Préparer les légumes
Retirer les premières feuilles et couper le chou en plusieurs morceaux, peler les carottes et les couper grossièrement ainsi que les navets et détailler les blancs de poireau en lanières.

Remplir une marmite des légumes et des jarrets, ajouter le thym, le laurier et la gousse d'ail écrasée. Couvrir d'eau et mettre à cuire à feu doux trois bonnes heures.
Peler les pommes de terre, ajouter au bout de 2 h 30 les pommes de terre et le boudin noir. Laisser cuire.
Contrôler la cuisson des pommes de terre, rectifier l'assaisonnement en poivrant.
Servir équitablement, attention aux gourmands !

« Mange ta soupe ! »

Pour 4 enfants
200 g de poireaux
300 g de pommes de terre
75 cl de bouillon de volaille
20 cl de crème fraîche épaisse
50 g de beurre
quelques gouttes de Worcestershire sauce

Laver les blancs de poireaux, les émincer et les cuire au beurre 10 min à feu doux.
Éplucher les pommes de terre, les couper en quatre, les ajouter aux poireaux, mettre le tout dans une casserole.
Verser le bouillon de volaille, porter à ébullition, saler. Cuire 35 min.
Mixer et passer au chinois.
Détendre avec la crème fraîche. Servir.
Accompagner de Worcestershire sauce.

Potage de cresson

pour pignon

POUR 4 PERSONNES
500 g de cresson (1 botte environ)
400 g de pommes de terre
1 l de bouillon de volaille
1 cuillerée à café de vinaigre de Banyuls
150 g de beurre frais doux
20 cl de crème fraîche
3 cuillerées à soupe de pignons grillés
sel et poivre du moulin

Laver le cresson, l'essorer.
Peler les pommes de terre
et les couper en morceaux.
Hacher le cresson à l'aide d'un couteau,
le faire revenir dans le beurre.
Mouiller avec le bouillon de volaille,
couvrir et porter à ébullition.
Ajouter les pommes de terre
et cuire le tout à couvert 35 min.
Retirer du feu et mixer en ajoutant
une cuillerée à café de pignons
et le vinaigre.
Chauffer la crème fraîche et la verser
dans le mélange. Ajuster avec le beurre,
saler, poivrer.
Ajouter les pignons dans chaque assiette
avant de servir.

Quand la sauce devient soupe

Raviolis en bain rouge

UNE RECETTE POUR TOUTE LA FAMILLE
300 g de raviolis frais au fromage
1,2 kg de tomates fraîches bien mûres
1 botte de basilic
15 cl d'huile d'olive
sel et poivre du moulin

Émonder les tomates et les épépiner.
Mettre les tomates à cuire dans une grande casserole en y ajoutant l'huile d'olive. Assaisonner et ajouter de l'eau pour détendre le mélange.
Cuire les raviolis.
Remplir chaque assiette de raviolis, napper de soupe et décorer de feuilles de basilic.

Que faire des restes ?

POUR 4 PERSONNES
200 g de viande de pot-au-feu
1 kg de courgettes rondes (si possible)
30 cl de crème fraîche
1 cuillerée à soupe d'huile d'olive
persil plat
sel et poivre du moulin

Laver les courgettes, les peler une bande sur deux à l'aide d'un économe, les ouvrir en deux et retirer les graines.
Les cuire à la vapeur ou au micro-ondes 4 min.
Les mixer dans un robot en y ajoutant la crème fraîche et l'huile d'olive, saler, poivrer.
Détendre pour rendre plus liquide si nécessaire avec un verre d'eau.
Remettre à chauffer dans une casserole à feu doux.
Couper les restes de viande en petits morceaux.
Servir dans des assiettes creuses. Mettre la viande puis verser le velouté chaud.
Rectifier l'assaisonnement.

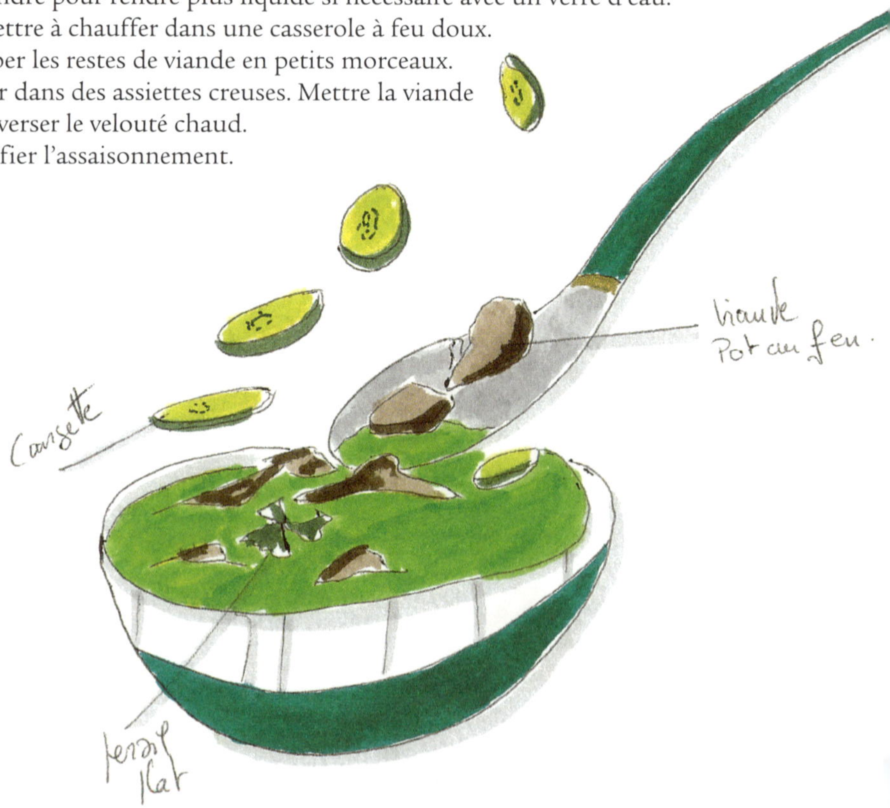

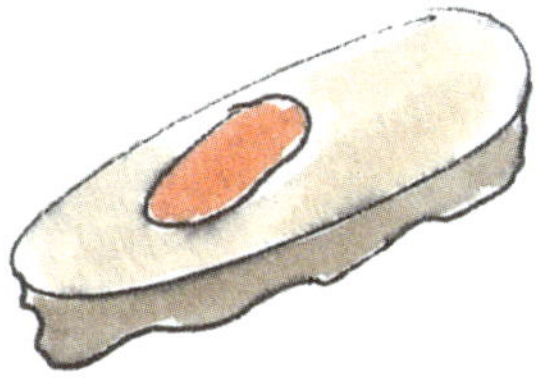

Soupe à l'ail

POUR 4 PERSONNES
8 gousses d'ail rose
1 l de bouillon de volaille
3 jaunes d'œufs frais
1 cuillerée à café de farine de riz (Maïzena)
20 cl de crème fraîche
30 g de beurre doux
1 baguette
150 g de fromage râpé
sel et poivre

Blanchir les gousses d'ail, prendre le soin d'ôter les germes des gousses.
Verser le bouillon de légumes dans une casserole.
Ajouter les gousses d'ail, laisser cuire à feu doux 15 min.
Mixer l'ail et le bouillon dans un robot .
Ajouter la farine de riz.
Mélanger les jaunes d'œufs, le beurre et la crème fraîche dans un bol puis les ajouter au velouté d'ail.
Cuire à feu doux tout en mélangeant.
Saler, poivrer.
Avec la baguette, préparer des petits croûtons, les recouvrir de fromage râpé et passer sous le gril du four. Servir.
Manger chaud.

Soupe à l'oignon

Pour 4 personnes
8 gros oignons jaunes
50 g de beurre
1 pincée de girofle en poudre
1,5 l d'eau
croûtons de pain grillés
150 g de gruyère râpé
sel et poivre du moulin

Couper les oignons en rondelles, les faire revenir dans une cocotte en y ajoutant le beurre et cuire à feu doux jusqu'à obtention d'une coloration dorée.
Mouiller ensuite avec l'eau, parsemer de girofle.
Cuire à couvert dix bonnes minutes.
Passer le bouillon au tamis en réservant quelques rondelles d'oignon pour la présentation.
Remplir les assiettes de croûtons de pain, ajouter la soupe et parsemer de gruyère râpé.
Manger chaud.

Soupe à l'oseille

Pour 6 personnes
200 g d'oseille en feuilles
100 g de beurre
50 g de crème liquide
1 l de lait
50 cl d'eau
2 œufs
sel et poivre du moulin

Mélanger les jaunes d'œufs et la crème liquide dans un grand bol. Battre les blancs.
Faire fondre les feuilles d'oseille au beurre.
Faire bouillir l'eau et l'ajouter à l'oseille, incorporer ensuite les blancs d'œufs battus.
Faire bouillir le lait.
Verser le bouillon d'oseille dans une soupière, ajouter le lait chaud et délayer avec les jaunes et la crème fraîche.
Saler, poivrer.
Peut s'accompagner de petites pâtes carrées.

Soupe aux moules

sans coques

POUR 4 PERSONNES
1 kg de moules de bouchot
2 oignons
1 l d'eau
1 verre de vin blanc sec
1 branche de céleri
1 blanc de poireau
2 cuillerées à soupe d'huile d'olive
1 bouquet garni
50 g de crème fraîche
sel de Guérande et poivre gris du moulin

Laver les moules.
Les ouvrir dans une poêle avec un fond de vin blanc.
Retirer les coquilles.
Filtrer le jus, le réserver et garder les moules à part.
Faire revenir les oignons puis ajouter le céleri coupé et le poireau émincé dans un fond d'huile d'olive.
Faire chauffer l'eau, le jus des moules et les légumes, ajouter le bouquet garni et laisser à feu doux 15 min.
Porter ensuite à ébullition et assaisonner.
Mixer en ajoutant la crème fraîche.
Servir à l'assiette en ajoutant les moules.

Soupe de céleri et basilic

POUR 4 PERSONNES
1 céleri-rave
3 pommes de terre
1 branche de céleri
1,5 l de lait frais
1 gousse d'ail
20 g de beurre doux
25 g de crème liquide
1 botte de basilic frais
sel et poivre du moulin

Peler le céleri-rave, le couper en cubes.
Éplucher les pommes de terre, les couper en quatre.
Verser le lait dans une grande casserole, le porter à ébullition, ajouter l'ail, le céleri-rave et les pommes de terre.
Cuire à couvert à feux doux 30 min.
Mixer le tout, détendre avec la crème liquide et le beurre.
Hacher la branche de céleri.
Prendre les feuilles de basilic, les laver, les égoutter.
Servir en assiettes individuelles en saupoudrant de céleri et de basilic en feuilles. Saler, poivrer.

Soupe de chou *chic*

Pour 4 personnes
1 chou vert
4 feuilles de chou blanc
100 g de poitrine de lard
2 gousses d'ail
150 g de pommes de terre nouvelles
1 l de bouillon de volaille
1 carotte
1 branche de romarin frais
6 pommes de terre
sel et poivre

Détailler les feuilles de chou vert.
Blanchir les feuilles de chou blanches et vertes 3 min.
Éplucher les pommes de terre et les couper en petits cubes.
Peler la carotte et la détailler en petits morceaux.
Couper la poitrine en lardons.
Chauffer les ingrédients (ail, carotte, lardons, romarin) dans une casserole, ajouter le bouillon de volaille. Porter à ébullition, ajouter les feuilles de choux et cuire 40 min.
Déposer ensuite les morceaux de pommes de terre et cuire 10 min.
Saler, poivrer.

Soupe de crabe

Pour 4 personnes
20 étrilles (petits crabes)
2 gousses d'ail
1 citron vert
2 tomates
2 l d'eau
2 oignons
2 poireaux
1 verre de saké
2 cuillerées à soupe de soja
100 g de pousses de bambou
huile d'olive
sel et poivre

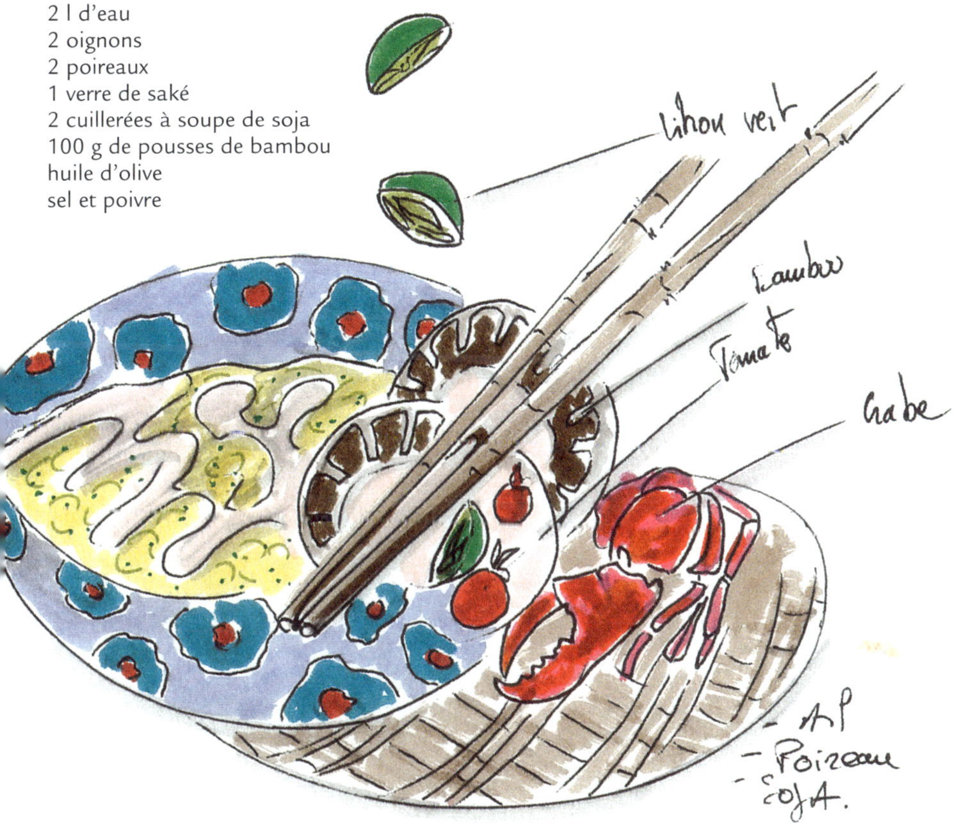

Dans un wok, faire revenir les légumes (tomates, oignons, poireaux, soja) dans un fond d'huile d'olive. Ajouter les crabes vivants et mélanger, assaisonner d'un verre de saké. Ajouter les pousses de bambou, les gousses d'ail écrasées, saler et poivrer.
Verser l'eau et cuire 30 min à petit feu.
Servir dans des bols en ajoutant un filet de citron vert.

Soupe de fèves aux radis

POUR 4 PERSONNES
400 g de fèves
60 cl de bouillon de légumes
30 g de beurre
25 g de crème fraîche liquide
1 cuillerée à café de cumin en poudre
1 botte de radis
sel et poivre fin

Faire revenir les fèves dans le beurre, bien remuer, saler. Ajouter le bouillon de légumes, porter à ébullition et cuire 10 min. Mixer, ajouter le cumin, le poivre et la crème fraîche. Tenir au chaud. Laver les radis, les couper en rondelles, saler. Servir la soupe avec les copeaux de radis.

Soupe de lentilles

Pour 4 personnes
250 g de lentilles vertes
1 oignon
1 poireau
1 gousse d'ail
1 feuille de laurier
2 cuillerées à soupe d'huile d'olive
150 g de parmesan en copeaux
1 grande casserole d'eau
sel et poivre du moulin

Faire revenir le laurier, l'ail et l'oignon dans un fond d'huile d'olive. Ajouter le poireau émincé et cuire 15 min. Retirer la feuille de laurier, mixer. Ajouter l'eau au mélange, verser les lentilles, couvrir et laisser cuire à feu doux 1 h. Assaisonner, ajouter dans chaque assiette des morceaux de parmesan et servir.

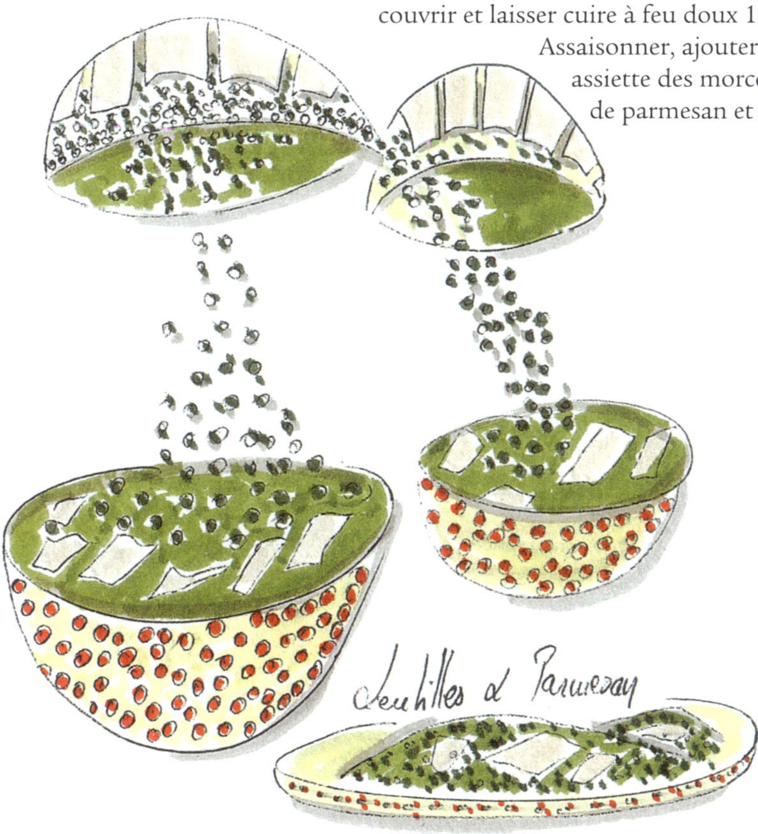

Soupe de melon

Pour 4 personnes
2 melons de Cavaillon de bonne taille
1 citron
2 cuillerées à soupe de vin de Banyuls
4 tranches de bacon
sel et poivre du moulin

Couper les melons en deux, les égrener.
Sortir la chair des melons, la mixer,
ajouter le jus de citron puis le vin.
Détendre avec de l'eau si nécessaire,
saler et poivrer.
Réserver au réfrigérateur.
Passer les tranches de bacon au four .
Servir en posant le bacon sur la soupe.

Soupe de piments doux *et tomates*

POUR 4 PERSONNES
400 g de tomates
2 piments doux
3 gousses d'ail
4 tranches de pain de mie
10 cl d'huile d'olive
2 l d'eau
1 bouquet de persil plat (haché fin)
sel et poivre

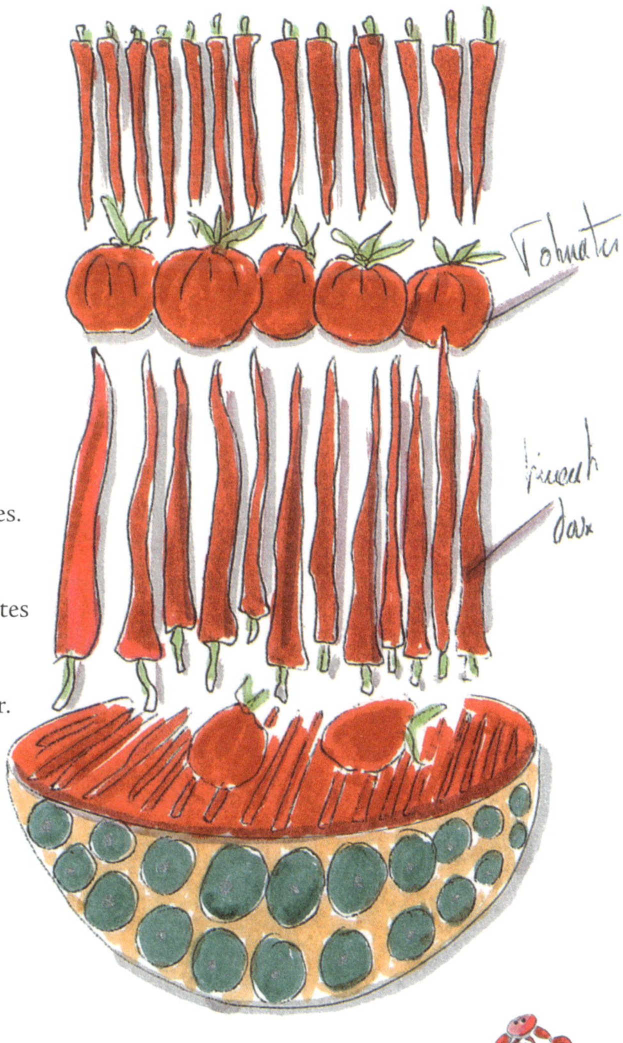

Dégermer et hacher l'ail.
Le faire revenir dans un fond d'huile d'olive.
Émonder et épépiner les tomates.
Épépiner les piments.
Verser l'eau dans une casserole, ajouter le pain de mie, les tomates et les piments. Cuire 40 min, mixer le tout et continuer la cuisson 15 min. Saler, poivrer.
Servir la soupe chaude saupoudrée de persil.

Soupe de poissons

POUR 6 PERSONNES
200 g de congre
2 merlans
1 queue de lotte
700 g de moules
3 oignons rouges
500 g de pommes de terre
4 gousses d'ail
3 tomates
1 botte de cerfeuil
1 feuille de laurier
2 l d'eau
15 cl d'huile d'olive
gros sel
1 pincée de poivre noir en grains

Nettoyer les moules.
Apprêter les poissons préalablement préparés par votre poissonnier : enlever les arêtes restantes et couper en morceaux.
Émonder les tomates, les couper en quatre.
Peler et couper les pommes de terre.
Faire revenir les légumes au beurre, ajouter l'ail écrasé et les oignons hachés.
Mouiller à hauteur, saler, poivrer.
Cuire à feu doux une dizaine de minutes.
Verser le bouillon et le porter à ébullition, laisser cuire à frémissements 30 min puis ajouter le poisson en commençan par le congre 5 à 6 min.
Ajouter ensuite le reste des poissons en finissant par les moules.
Servir accompagnée de pain grillé avec le cerfeuil et le laurier.

Soupe de potiron
aux gnocchis

POUR 4 PERSONNES
400 g de chair de potiron
2 pommes de terre charlottes
50 g de beurre
1 cuillerée à soupe de crème fraîche
10 cl de lait entier
2 l d'eau
5 feuilles de basilic
250 g de gnocchis en paquet
sel et poivre du moulin

Couper la chair de potiron en morceaux, peler les pommes de terre, les verser dans une grande casserole, mouiller et cuire à couvert 30 min.
Ecraser les chairs en les passant au presse-purée.
Verser la purée dans une grande casserole, ajouter deux bons litres d'eau, saler, poivrer et couvrir. Cuire 8 min.
Préparer les gnocchis en les plongeant dans une casserole d'eau en y ajoutant les feuilles de basilic (cuisson selon les indications du paquet).
Lier ensuite la soupe avec la crème fraîche, le beurre et le lait, poivrer, puis répartir les gnocchis.

Soupe d'herbes

POUR 4 PERSONNES
100 g de cresson
100 g d'oseille
100 g de laitue
100 g de mâche
200 g de cerfeuil
100 g de persil plat
1 botte de ciboulette
60 g de beurre doux
sel de Guérande et poivre du moulin

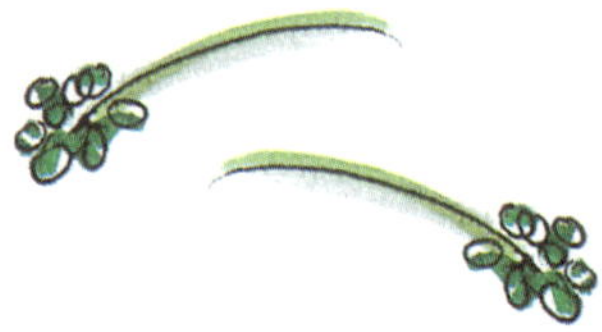

Laver les herbes, les équeuter et les hacher au couteau le plus finement possible.
Faire fondre le beurre dans une grande casserole.
Ajouter le mélange d'herbes au beurre, couvrir d'eau et assaisonner.
Cuire à couvert 1 h 30 à feu doux.
Bien remuer, passer au tamis.
Servir.

Soupe d'orties

POUR 4 PERSONNES
200 g de feuilles d'orties
1 oignon jaune
1 gousse d'ail
1 poireau
1 l de bouillon de volaille
25 cl de crème fraîche
1 jaune d'œuf
2 cuillerées d'huile d'olive fruitée
sel et poivre du moulin

Blanchir les feuilles d'orties, les passer sous l'eau froide, bien essorer. Trancher et hacher finement l'oignon, écraser l'ail, émincer le poireau (ne prendre que le blanc). Faire suer l'ail, l'oignon et le poireau dans une casserole, verser le bouillon et porter à ébullition, cuire 20 min. Ajouter la crème fraîche au bouillon de volaille, mélanger doucement, déposer le jaune d'œuf. Assaisonner. Servir chaud.

Tomate,
un fruit en soupe

POUR 4 PERSONNES
500 g de tomates du marché
1 oignon rouge
3 gousses d'ail
2 brins de persil plat
1 feuille de laurier sauce
1 branche de thym
1 pincée de piment d'Espelette en poudre
10 cl d'huile d'olive
2 l d'eau
sel marin fin
poivre du moulin

Blanchir les tomates 2 min dans l'eau bouillante, les peler et les émonder.
Couper l'oignon et écraser les gousses d'ail en retirant les germes, les faire revenir à la poêle dans un fond d'huile d'olive, sans les faire brûler.
Hacher le persil plat et réserver.
Cuire les tomates dans l'eau à couvert 40 min, saler, poivrer. Ajouter à mi-cuisson le bouquet garni.
Mixer les tomates et les passer au tamis, ajouter le piment.
Servir en décorant de persil plat.

- sel
- poivre du moulin.

H. olive
- Herbes Provence
- thym.
- oignons

« Un classique »

Pour 4 personnes

400 g de pommes de terre à chair ferme
300 g de poireaux blancs
1/2 l de bouillon de légumes
40 g de crème fraîche épaisse
40 g de beurre
100 g de fromage râpé
1 pincée de muscade
sel et poivre du moulin

Laver les poireaux, les tronçonner, les plonger dans l'eau bouillante et blanchir (4 min).
Peler et couper les pommes de terre finement en cubes.
Porter le bouillon à ébullition, laisser cuire à feu doux une dizaine de minutes avec les poireaux.
Ajouter ensuite les pommes de terre et continuer la cuisson à feu doux 12 min.
Verser la crème fraîche dans le potage. Ajouter le beurre. Saler, poivrer, ajouter la muscade.
Servir dans des assiettes creuses et saupoudrer de fromage râpé.

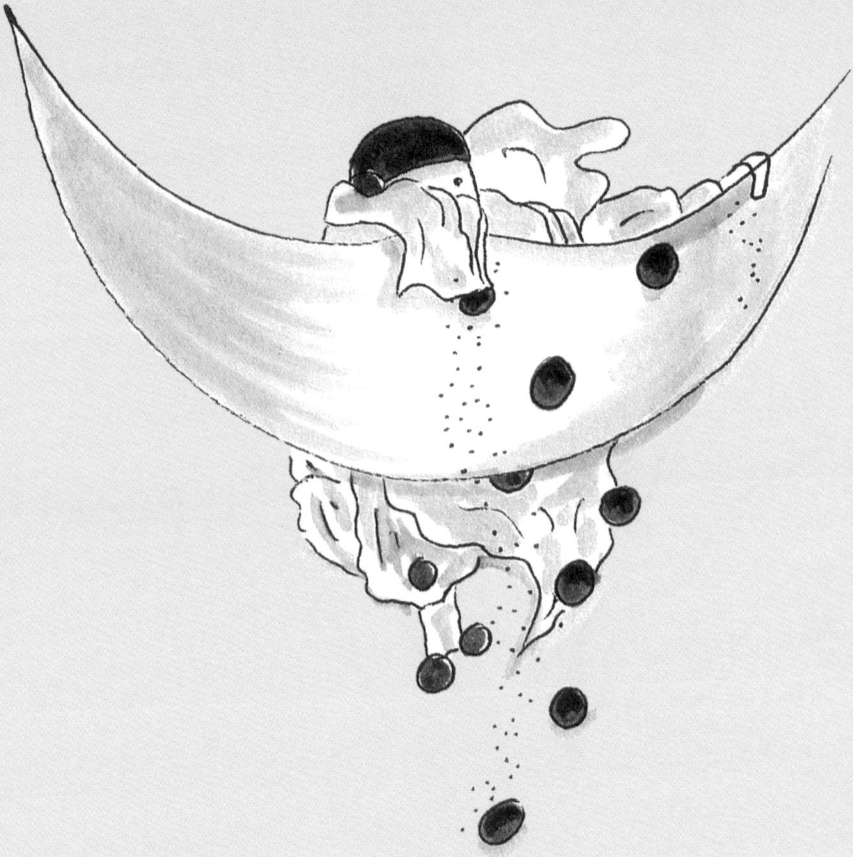

Veloutés

Petit velouté vert *en pois*

Pour 4 personnes
1,5 kg de petits pois frais
5 oignons grelots
1 cube de bouillon de volaille
15 cl de crème fraîche liquide
1 cuillerée à café de carvi en poudre
sel

Écosser les pois.
Porter à ébullition une grande casserole d'eau, y plonger les pois durant 3 à 4 min puis retirer à l'aide d'une écumoire et réserver.
Plonger les oignons dans l'eau bouillante 1 min, égoutter et réserver.
Mixer les pois et les oignons en y ajoutant la crème liquide. Détendre ensuite avec environ 25 cl de bouillon de volaille.
Assaisonner de carvi et saler. Remplir les bols et manger sans tarder.

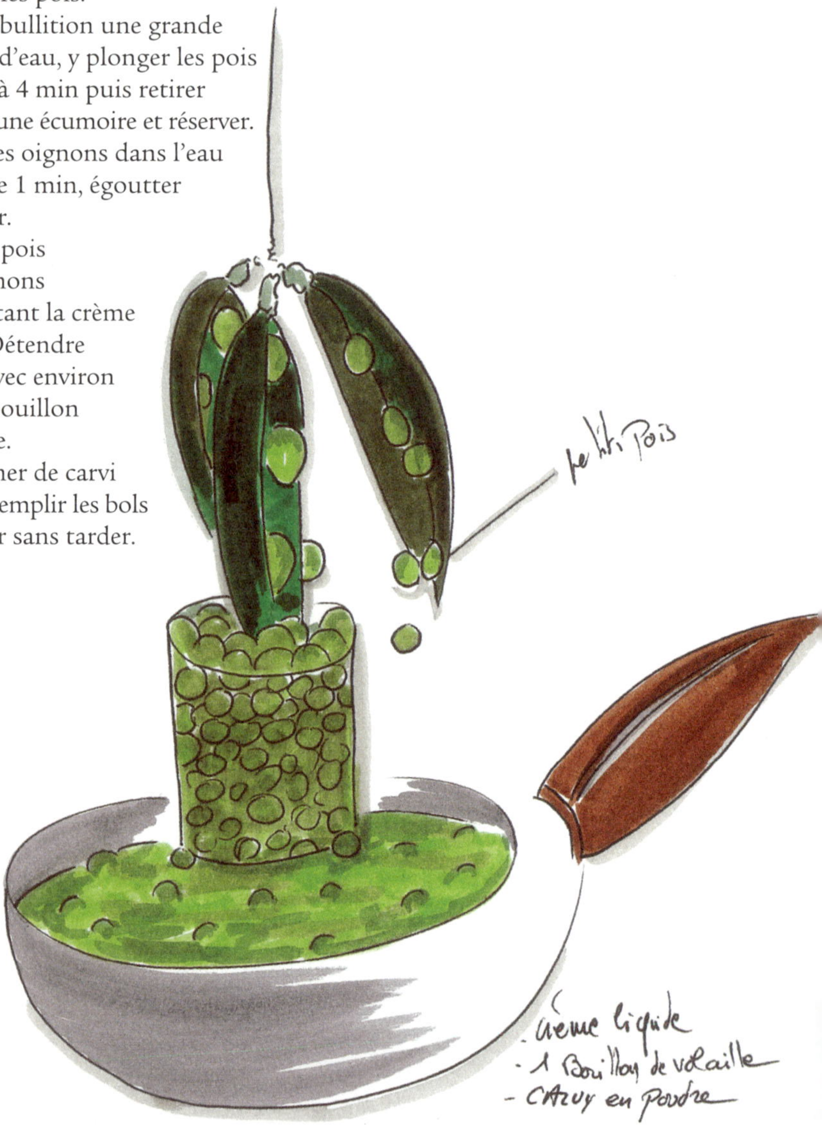

Velouté « Bonne mine »
à pas de géant

POUR 4 PERSONNES
450 g de carottes
1 l de bouillon de légumes
2 cuillerées à café de cumin en grains
1 pincée de cumin en poudre
1 gousse d'ail
50 g de beurre
30 g de crème fraîche épaisse
sel et poivre gris en poudre

- carottes
- Cumin grains
- ail
- Poivre du moulin
- Beurre
- crème fraîche

Peler et laver les carottes, les couper en tronçons. Faire revenir les carottes, l'ail écrasé et le cumin en poudre avec le beurre dans une casserole 3 à 4 min. Ajouter le bouillon de légumes et porter à ébullition, laisser cuire à feu doux 15 min.
Mixer le tout, détendre avec la crème fraîche, saler, poivrer et parsemer à la fin le velouté des grains de cumin.

Velouté d'asperges vertes *aux couleurs de la botte*

POUR 4 PERSONNES
1,5 kg d'asperges vertes
50 cl de crème fraîche liquide
1 beau morceau de parmesan coupé en copeaux
sel et poivre du moulin

Équeuter les asperges, ne garder que les parties tendres. Les plonger 5 min dans l'eau frissonnante. Égoutter les asperges, les verser dans un mixeur en y ajoutant la crème fraîche. Passer le tout au chinois. Saler, poivrer. Remettre dans la casserole, couvrir et réserver à température.
Servir chaques assiettes en disposant de petits morceaux de parmesan.
Se mange avec des tranches de pain de campagne toasté et nappé d'un filet d'huile d'olive.

Velouté de haricots blancs

POUR 4 PERSONNES
600 g de haricots cocos frais
2 gousses d'ail
1 l de bouillon de volaille
1 filet d'huile d'olive
sel et poivre

Blanchir les gousses d'ail dégermées.
Faire tremper les haricots dans de l'eau froide.
Porter à ébullition et laisser cuire 12 min à couvert.
Verser le bouillon de volaille, les haricots et l'ail dans une casserole. Cuire à feux doux 30 min à couvert.
Mixer, ajouter l'huile d'olive. Saler, poivrer.
Servir.

Velouté de haricots *verts*

POUR 4 PERSONNES
500 g de haricots verts
2 citrons jaunes
10 cl d'huile d'olive
50 cl d'eau
1 cuillerée à soupe de grai
de sésame grillés
50 g de beurre
sel et poivre du moulin

Laver et équeuter les haricots, les blanchir dans l'eau bouillante.
Les faire revenir dans le beurre.
Porter l'eau à ébullition, ajouter les haricots et cuire 10 min.
Mixer, ajouter le jus de citron.
Passer au tamis avec l'huile d'olive.
Saler et poivrer.
Servir le velouté accompagné des grains de sésame.

Velouté de brocoli *et lardons*

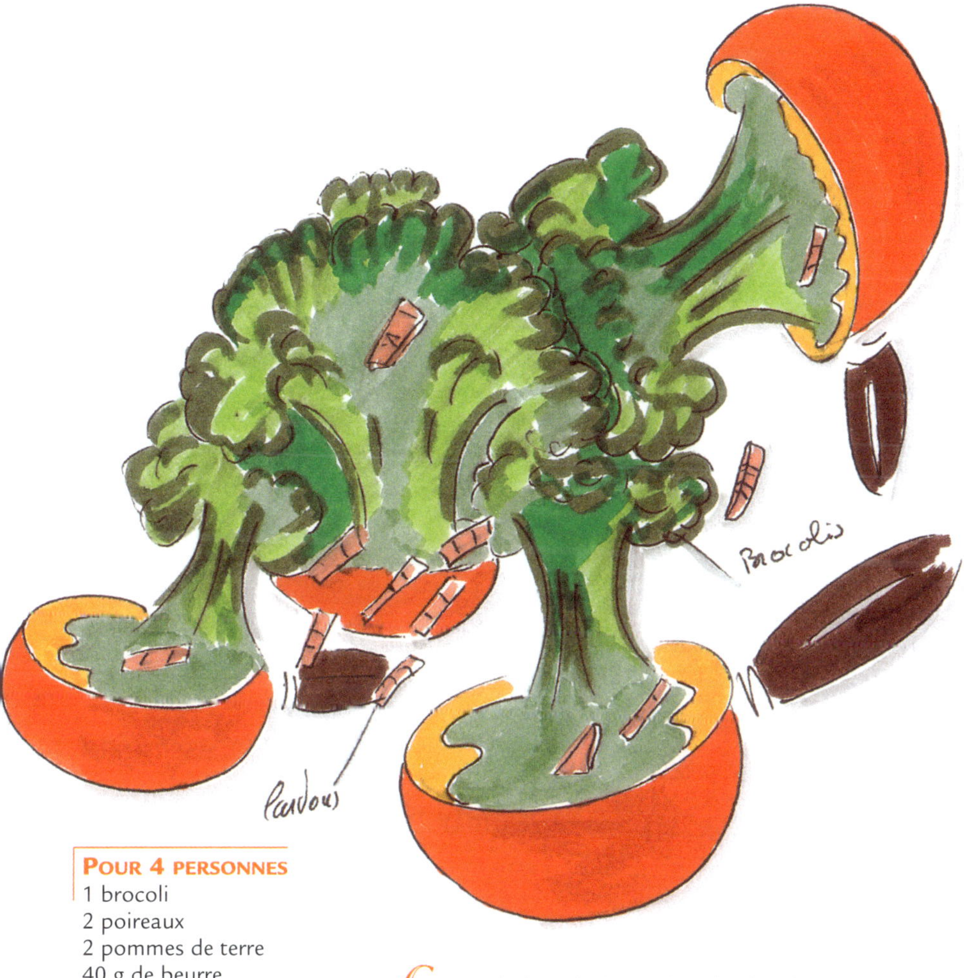

Pour 4 personnes
1 brocoli
2 poireaux
2 pommes de terre
40 g de beurre
150 g de lardons

Couper le bas du brocoli et hacher les têtes, émincer les blancs de poireaux, peler les pommes de terre et les détailler en morceaux.
Bien mélanger, donner un bouillon.
Cuire le mélange avec le bouillon dans une marmite à couvert pendant 35 min, à feu moyen.
Mixer le tout.
Détendre avec le beurre. Continuer la cuisson 10 min.
Poêler les lardons.
Servir le velouté accompagné de lardons.

Velouté de cèpes *aux Saint-Jacques*

POUR 4 PERSONNES

400 g de cèpes (taille moyenne)
8 noix de Saint-Jacques sans corail
2 gousses d'ail
100 g de beurre
1 jus de citron jaune
25 cl de crème fraîche liquide
70 cl de bouillon de légumes
sel de Guérande et poivre du moulin

Laver les noix de Saint-Jacques et les poêler dans un fond de beurre 1 min sur chaque face. Réserver.

Pocher l'ail dégermé dans l'eau bouillante.

Faire chauffer le bouillon et le beurre dans une casserole.

Nettoyer les cèpes, les fendre en deux et arroser de citron.

Mixer les champignons, bien émulsionner, mettre à chauffer 5 min.

Ajouter la crème liquide, remuer, saler, poivrer.

Faire revenir l'ail haché dans une poêle jusqu'à coloration.

Couper chaque noix de Saint-Jacques en trois tranches.

Servir le velouté avec les noix à la nage et l'ail émietté.

Velouté de maïs

POUR 4 PERSONNES
150 g de maïs en grains
100 g de poitrine fumée
20 g de beurre
1 oignon
1 gousse d'ail
2 pommes de terre
75 cl de lait entier
1 poireau

Hacher l'oignon, émincer l'ail écrasé, le blanc de poireau et détailler la poitrine fumée en petits cubes.
Faire revenir dans une poêle avec le beurre.
Verser le mélange et le bouillon dans une casserole, porter à ébullition, ajouter le lait et les grains de maïs.
Mixer et cuire une dizaine de minutes.
Lier avec la crème et servir chaud.
Accompagner de pain grillé au maïs.

Velouté de pois gourmands

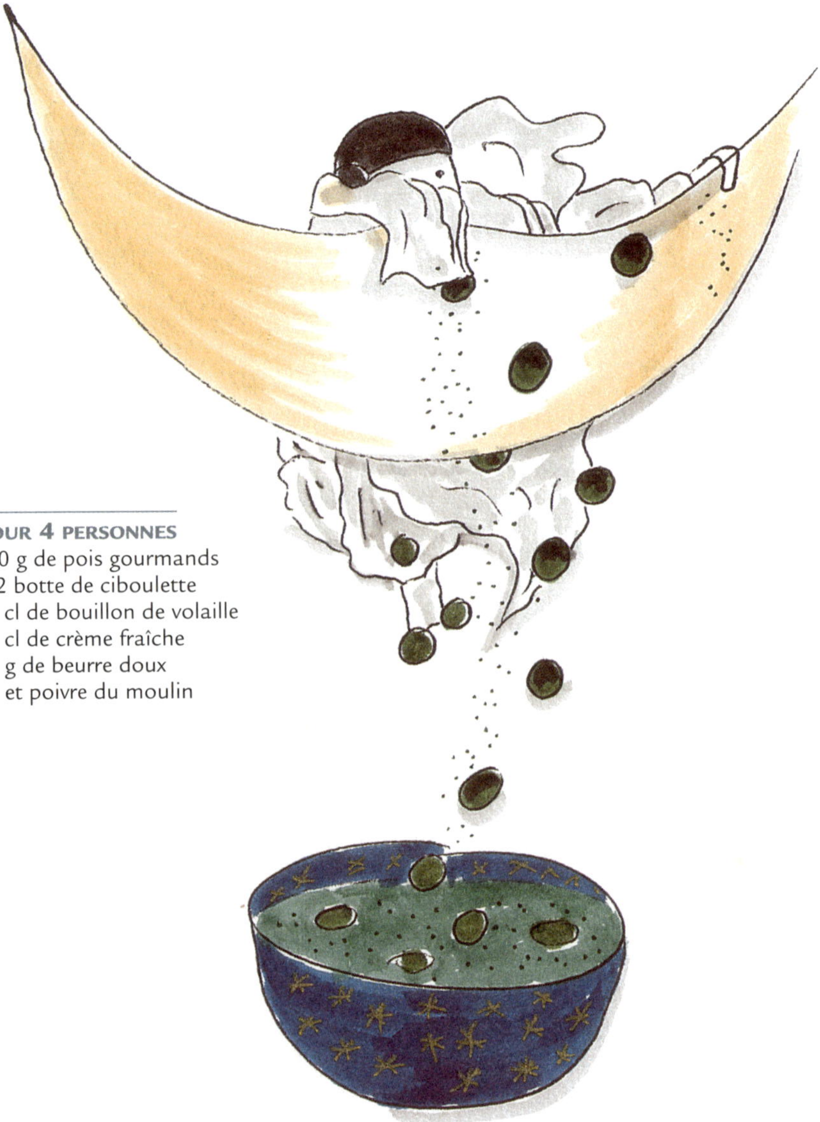

POUR 4 PERSONNES
400 g de pois gourmands
1/2 botte de ciboulette
25 cl de bouillon de volaille
10 cl de crème fraîche
50 g de beurre doux
sel et poivre du moulin

Blanchir les pois 3 min dans de l'eau bouillante.
Mixer avec la ciboulette.
Mélanger les pois au bouillon de volaille et porter à ébullition.
Ajouter la crème fraîche et le beurre, mélanger et chauffer 5 min.
Assaisonner.
Peut accompagner un poisson à chair blanche.

Velouté de poivrons *aux moules*

POUR 2 PERSONNES
3 poivrons rouges
1 poivron jaune
2 tomates
2 gousses d'ail
1 petit piment doux
2 douzaines de moules de bouchot
15 cl d'huile d'olive fruitée
1,5 l d'eau

Cuire les poivrons au four 50 min (th. 8).
Les retirer du feu, les peler sous l'eau froide et ne garder que la chair.
Blanchir l'ail et l'écraser.
Emonder les tomates.
Cuire à couvert les poivrons, les tomates, l'ail et un petit morceau de piment avec l'huile d'olive.
Ajouter l'eau et laisser mijoter 15 min.
Mouliner le tout et assaisonner
Réserver au chaud.
Faire ouvrir les moules à la vapeur.
Les décortiquer et les plonger dans le velouté avant de servir.

Velouté de potiron

POUR 4 PERSONNES
400 g de potiron
150 g d'émental râpé
8 cl de bouillon de volaille
100 g de crème fraîche
50 g de beurre doux
sel et poivre du moulin

Récupérer la chair du potiron, la couper en cubes. Faire chauffer une casserole, y ajouter les cubes de potiron et le bouillon de volaille, cuire à feu doux 15 min. Ajouter la crème et le beurre, bien mélanger. Incorporer le fromage râpé. Assouplir si nécessaire avec un peu plus de crème fraîche. Saler, poivrer.

Velouté en potage
de betterave et champignons

POUR 4 PERSONNES
3 betteraves rouges (taille moyenne)
300 g de champignons de Paris
1 gousse d'ail rose
1 citron jaune
1,5 l de bouillon de volaille
15 cl de crème fraîche épaisse
1 cuillerée à soupe de piment d'Espelette en poudre
sel et poivre gris moulu

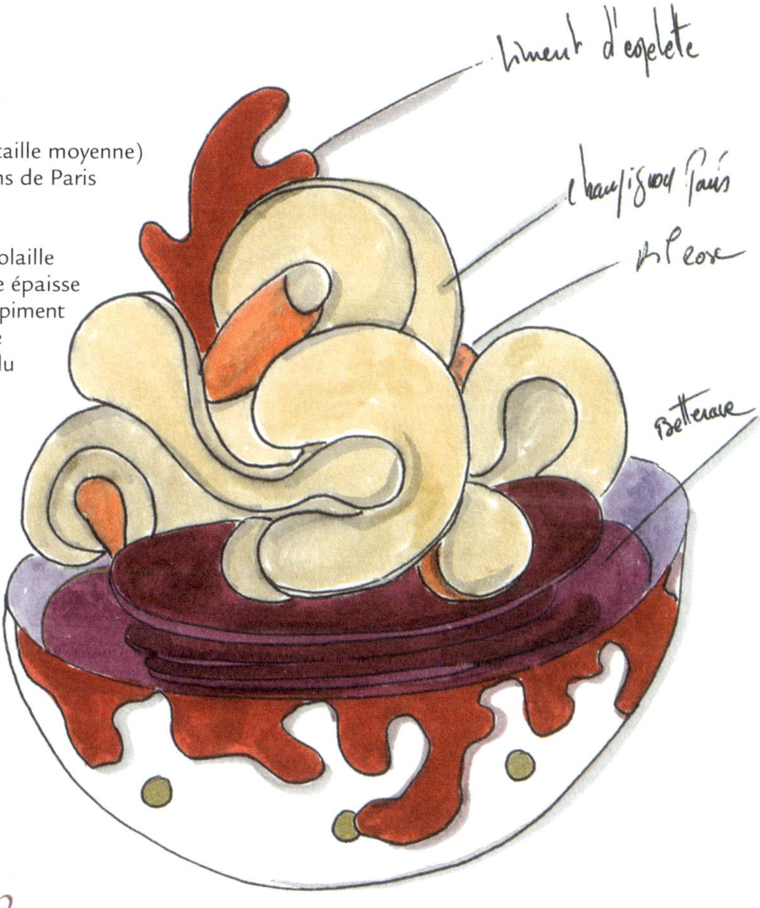

Pocher les betteraves dix bonnes minutes, ajouter l'ail dégermé, poivrer.
Peler les betteraves et les couper en petits morceaux.
Verser le bouillon de volaille dans une casserole, le porter à ébullition et ajouter les betteraves.
Cuire à feu doux 15 min. Mixer et filtrer à l'aide d'une passoire. Lier avec la crème fraîche.
Laver les champignons et les couper à la mandoline, citronner.
Servir le velouté et les champignons, saupoudrer de piment en poudre.

D’ici &

D'ici & d'ailleurs

À chacun sa poupée

Bortsch

Pour 6 personnes
2 betteraves
2 pommes de terre de gros calibre
1/2 chou rouge
2 carottes
1 oignon
2 tomates
1 os de jambon
2 l de bouillon de viande (pot-au-feu)
25 g de beurre
1 cuillerée à café de paprika
10 cl de crème aigre
sel et poivre du moulin

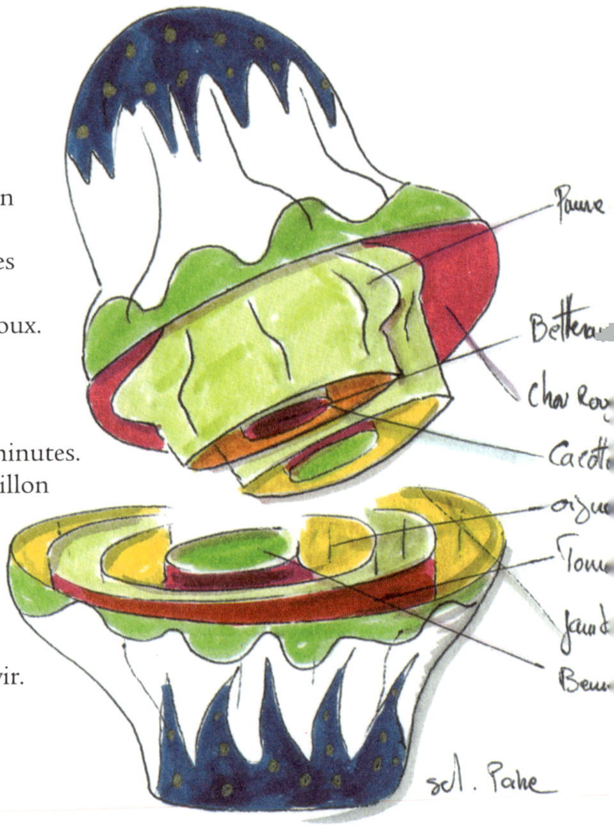

Démarrer la cuisson avec le jambon (l'os), le faire bouillir 10 min dans le bouillon de viande, dégraisser, ajouter les betteraves pelées et détaillées en cubes, allonger d'eau et continuer la cuisson à feu doux. Eplucher et tailler les légumes en cubes, les faire revenir dans une poêle à bord haut avec le beurre une dizaine de minutes. Incorporer les légumes au bouillon et cuire à petit feu 45 min. Saler et poivrer. Lier la soupe avec la crème aigre. Ajouter le paprika. Mélanger et tenir au chaud avant de servir.

Attention requin comestible

POUR 4 PERSONNES

40 g d'ailerons de requin émincés et séchés
50 g de poulet cuit haché
50 cl de bouillon de poulet
2 cuillerées à soupe de Maïzena
2 cuillerées à soupe de sauce soja chinoise
3 brins de ciboule hachée
1 cuillerée à soupe de gingembre frais râpé
1 pincée de sel
1 cuillerée à café d'alcool de riz

Faire tremper les miettes de requin dans un bol d'eau chaude pendant 30 min.
Cuire le poulet à la vapeur.
Faire chauffer le bouillon de poulet et y ajouter la sauce soja, le gingembre et l'alcool de riz.
Mettre les ailerons de requin, épaissir avec la Maïzena, ajouter les morceaux de poulet et la ciboule.
Rectifier l'assaisonnement.
Servir.

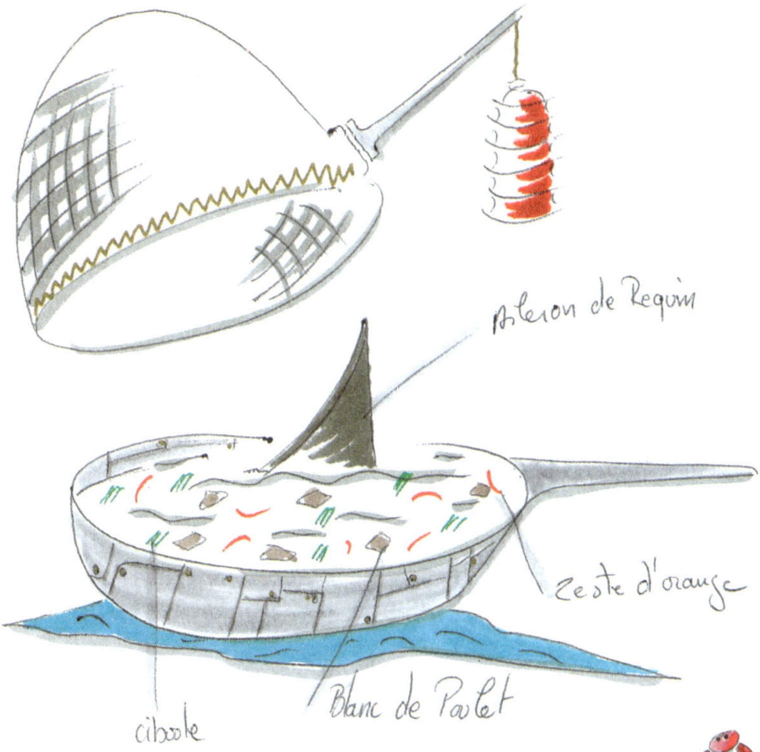

Chorba, fête de légumes

POUR 4 PERSONNES
3 pommes de terre nouvelles (grande taille)
3 poireaux (blancs)
2 oignons jaunes
1 navet
3 carottes
1 branche de céleri
5 branches de persil plat
2 branches de coriandre
100 g de vermicelle
2 tomates
40 g de beurre
2 l de bouillon de bœuf
(pot-au-feu cube)
1 cuillerée à café de
raz al hanout
1 cuillerée à café de cannelle
sel et poivre

Laver les branches de persil et de coriandre et les hacher au couteau.
Eplucher les pommes de terre et les couper en cubes. Laver les poireaux et les couper en tronçons.
Peler les carottes et les couper en petits morceaux. Couper le céleri en morceaux.
Dans une grande marmite, faire revenir les oignons hachés dans un fond de beurre, ajouter une pincée de cannelle, faire sauter les poireaux, ajouter les pommes de terre. Verser le bouillon et porter à ébullition.
Ajouter ensuite le reste des légumes et les épices, poivrer.
Cuire à couvert 20 min après la reprise de l'ébullition.
Saupoudrer des vermicelles et cuire 4 min.
Servir, en ajoutant les herbes.

« Coco pour un bain »

Pour 4 personnes
50 cl de lait de coco (en boîte)
1/2 cube de bouillon de volaille
1 douzaine de crevettes de bonne taille
1 cuillerée à café
de gingembre frais haché
25 cl d'eau
sel et poivre

Porter l'eau à ébullition, dissoudre le bouillon cube, ajouter le lait de coco, remuer à l'aide d'une spatule en bois et cuire une dizaine de minutes à eau frémissante. En fin de cuisson, parsemer de gingembre haché. Saler et poivrer. Ébouillanter les crevettes 2 à 3 min. Réserver. Verser le lait de coco dans de grands bols. Répartir les crevettes. Manger chaud.

D'Afrique à soupe

POUR 4 PERSONNES
1 noix de coco
1 piment rouge
50 cl de bouillon de volaille
1 pincée de noix de muscade
1 bouquet de persil plat
15 cl de crème fraîche

Laver le persil et l'équeuter, réserver.
Préparer la noix de coco en perçant trois trous sur le dessus.
Souffler ensuite dans un des trous en bouchant les deux autres pour récupérer le jus, puis frapper la noix de coco, de préférence sur le sol.
Retirer la chair et la broyer au hachoir.
Mélanger la chair au jus de coco.
Préparer le bouillon en ajoutant le piment égrainé et ciselé, la muscade, verser le mélange de coco, couvrir et cuire à feu doux 15 min.
Ajouter en fin de cuisson le persil et la crème.
Servir chaud.

Garbure

Pour 6 personnes

5 pommes de terre nouvelles (taille moyenne)
1 chou
1 oignon rouge
1 oignon jaune
2 navets
3 cuillerées à soupe de graisse d'oie
3 gousses d'ail rose
1 branche de thym
1 feuille de laurier
1 pincée de piment d'Espelette
1 morceau de ventrèche
2 l d'eau
sel et poivre du moulin

Couper les oignons en lamelles et les faire dorer dans une grande cocotte avec la graisse d'oie. Ajouter les pommes de terre coupées en quartiers, le chou coupé, les navets, l'ail écrasé, la ventrèche coupée en morceaux, l'eau, le piment et les herbes. Saler et poivrer. Laisser cuire à couvert une bonne heure.
Vérifier la cuisson en tournant régulièrement avec une cuiller en bois.
Peut se manger avec des croûtons et du fromage de brebis.

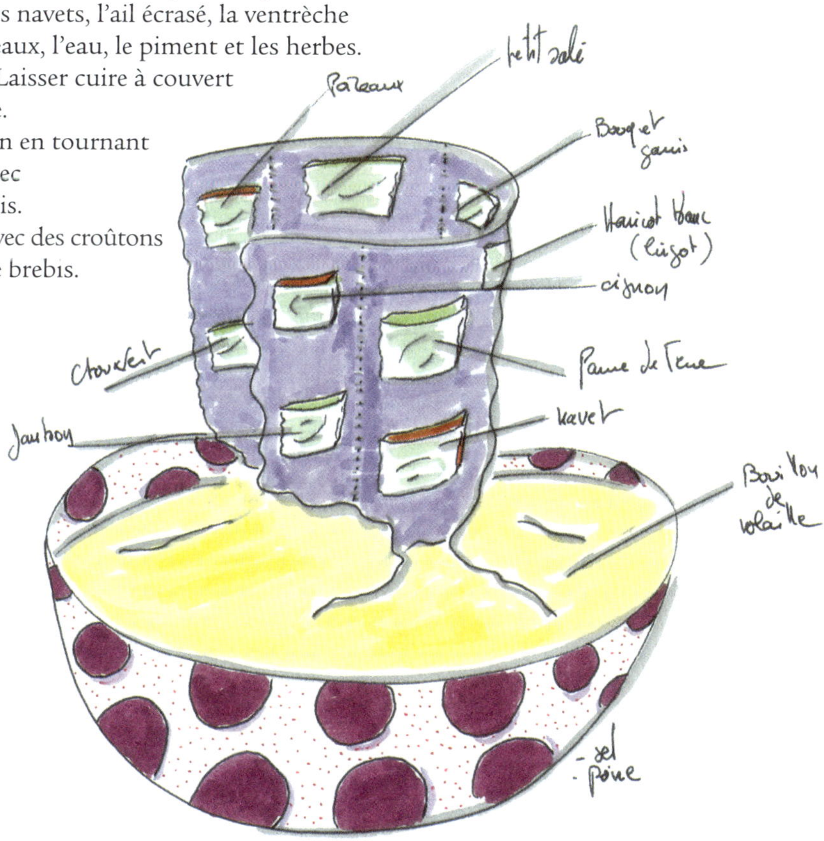

« Même en hiver *il peut faire très chaud !* »

POUR 4 PERSONNES
1 bouillon dashi
(produit japonais présenté en sachet)
400 g de pousses de soja
1 botte de ciboule ciselée
3 cuillerées à café de sauce soja japonaise
1 cuillerée à café de vinaigre de riz
1 cuillerée à café de saké
1 cuillerée à café de piment de Cayenne en poudre
3 gouttes de Tabasco
poivre du moulin

Préparer un bouillon avec tous les ingrédients liquides et le piment.
Laver le soja et la ciboule, les plonger dans le bouillon, à eau frémissante, et laisser cuire 10 min.
Servir dans de grandes assiettes. Poivrer à convenance.

Minestrone

Pour 4 personnes
2 pommes de terre
1/2 chou
3 carottes
2 courgettes rondes
200 g de haricots rouges et blancs (gros secs)
3 tomates
quelques feuilles de céleri
1 feuille de sauge
1 oignon rouge
2 gousses d'ail
2 l d'eau
200 g de pâtes Tubettini
15 cl d'huile d'olive
1 morceau de parmesan coupé en copeaux

Faire tremper les haricots 24 h dans l'eau froide à couvert. Laver les légumes, les couper en morceaux et les faire revenir dans un fond d'huile d'olive une dizaine de minutes. Remuer à l'aide d'une spatule en bois pour éviter que les ingrédients accrochent.
Ajouter l'eau et cuire le bouillon 30 min à feu doux et à couvert.
Verser les pâtes à mi-cuisson.
Lier avant de servir avec le reste d'huile d'olive.
Poser dans chaque assiette des copeaux de parmesan avant de verser la soupe. Manger chaud.

Piment mon chili

Pour 6 personnes
300 g de haricots rouges (en boîte)
1 kg de tomates
6 oignons
2 poivrons rouges
1 poivron vert
6 gousses d'ail
1 cuillerée à café d'origan
2 cuillerées à café de Tabasco
1 cuillerée à café de piment de Cayenne en poudre
1 cuillerée à soupe d'huile d'olive
sel et poivre du moulin

Laver les tomates et les émonder en les plongeant 2 min dans une casserole d'eau bouillante, égoutter, réserver.
Hacher les oignons et les poivrons.
Ecraser les gousses d'ail.
Verser les tomates dans une grande casserole, cuire à feu doux, puis ajouter tous les autres ingrédients, les épices et assaisonner.
Laisser cuire à couvert 35 min en remuant régulièrement.

Rouille

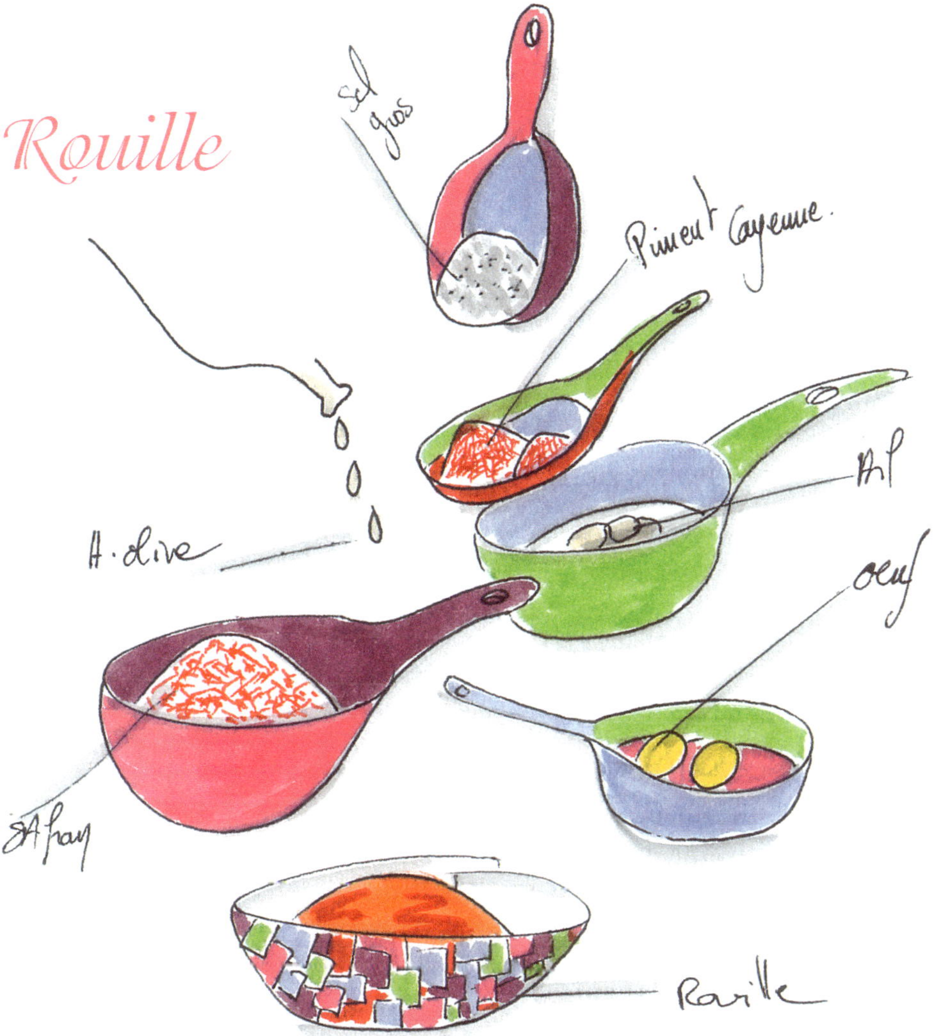

Pour 6 personnes
4 gousses d'ail
1 pincée de safran (7 pistils)
1 cuillerée à café de piment doux en poudre
1 cuillerée à café de gros sel
2 jaunes d'œufs frais
1 tour de moulin à poivre
30 cl d'huile d'olive fruitée

Écraser les gousses d'ail dégermées dans un mortier , ajouter l'huile d'olive en filet puis les pistils de safran, les jaunes d'œufs, le piment. Saler, poivrer puis tourner énergiquement avec le pilon.

« Sans coquilles »

POUR 4 PERSONNES
8 œufs de caille
1/2 botte de ciboule
1 l de dashi
2 cuillerées de fécule de pomme de terre
1 pincée de sel
2 cuillerées à café de soja

Faire chauffer le bouillon (dashi) dans un grand récipient.
Ajouter le soja, la fécule de pomme de terre et le sel. Allonger avec 1 l d'eau.
Incorporer progressivement les œufs de caille battus tout en mélangeant.
Avant de servir, ajouter la ciboule ciselée.
Manger sans tarder.

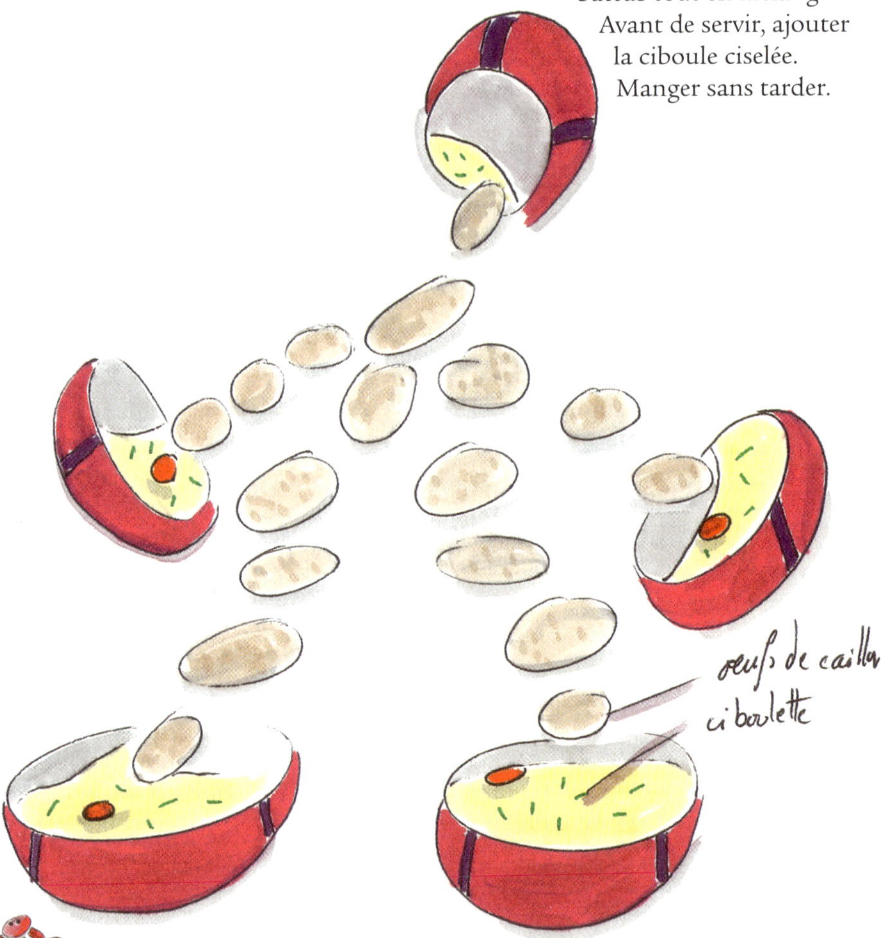

Soupe baguettes

Pour 4 personnes
1 œuf
4 tiges de ciboule
60 cl de dashi
1 cuillerée à soupe de soja
1 cuillerée à soupe de fécule de pomme de terre
1 pincée de sel

Faire chauffer le soja et le dashi
dans une casserole.
Incorporer la fécule de pomme de terre
au bouillon, battre l'œuf et le verser
dans le bouillon. Saler.
Servir dans des bols et parsemer de ciboule ciselée.

Soupe blanche « olé »

POUR 4 PERSONNES
3 gousses d'ail
100 g de mie de pain
100 g d'amandes émondées
3 cuillerées à soupe
de pignons
1 cuillerée à soupe
de raisins secs
10 cl d'huile d'olive
2 cuillerées à soupe
de vinaigre de Xérès
1 vingtaine de raisins muscats
75 cl d'eau glacée
sel et poivre du moulin

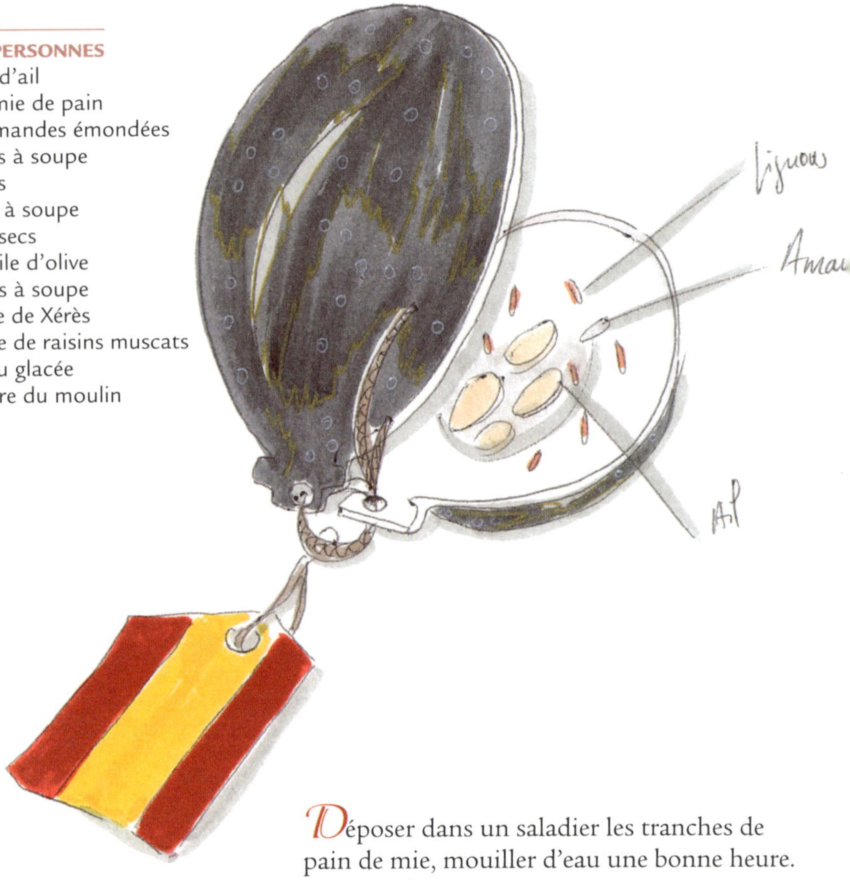

Déposer dans un saladier les tranches de pain de mie, mouiller d'eau une bonne heure.
Epépiner les muscats.
Poêler 2 min les pignons.
Peler l'ail et dégermer.
Mixer le pain, les gousses d'ail et les amandes, verser l'huile d'olive et le vinaigre.
Verser l'eau glacée et mixer pour obtenir une crème liquide.
Servir et parsemer de raisins et pignons.

« Sur les bords de notre mer Méditerranée »

Une des recettes de la bourride

Pour 4 personnes

1 queue de lotte
1 petit loup
1 merlan
1 mulet ou muge
2 rougets
1 rascasse
2 l d'eau
2 oignons rouges
1 anis étoilé
1 bouquet garni (avec du thym)
1 zeste d'orange
2 cuillerées à soupe d'huile d'olive
4 tranches de pain de campagne grillées
1 bocal d'aïoli
sel et poivre du moulin

Faire dorer les oignons rouges dans une grande cocotte en y ajoutant l'huile d'olive, le bouquet garni, l'anis et l'orange. Verser de l'eau à mi-hauteur et porter à ébullition à couvert, saler, poivrer. Ajouter ensuite les poissons préalablement vidés et coupés en morceaux. Cuire à gros bouillons pendant une dizaine de minutes.

Filtrer le bouillon à l'aide d'une passoire. Réserver le poisson. Servir le bouillon en assiettes individuelles, accompagné de poissons et de tartines d'aïoli. S'accompagne de vin rosé frais.

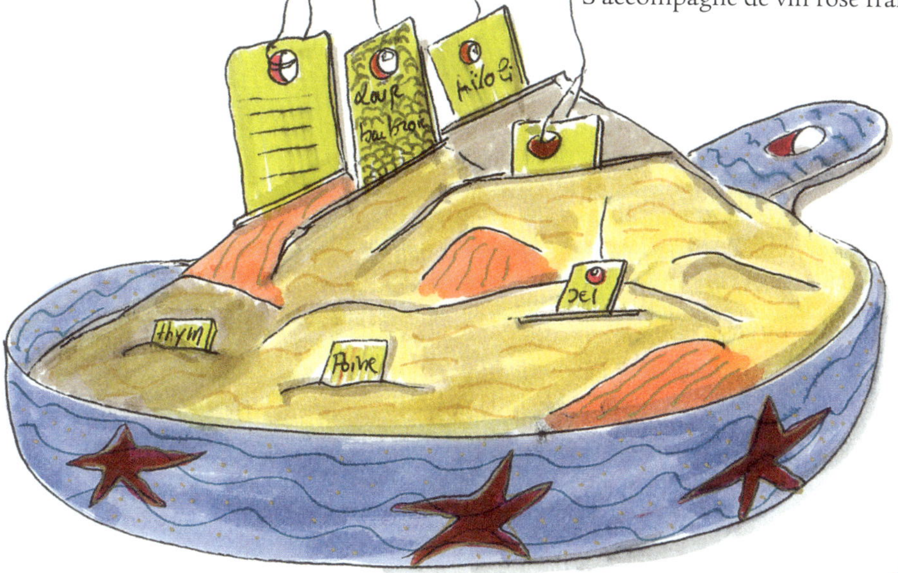

Gasp

Gaspachos

Gaspacho

POUR 4 PERSONNES
8 tomates bien mûres (différentes variétés)
1 concombre
1/2 poivron rouge
1/2 poivron jaune
1 branche de céleri
1 piment doux
15 cl d'huile d'olive
1/2 jus de citron jaune
sel et poivre du moulin
1 dizaine de glaçons

Plonger les tomates 1 min dans l'eau bouillante et les émonder.
Laver et peler le concombre à l'aide d'un économe en gardant une lanière de peau, le couper en deux et retirer les grains.
Laver les poivrons puis les couper en morceaux.
Couper le céleri en tranches.
Ajouter progressivement tous les ingrédients dans un mixeur, finir par les glaçons.
Servir. S'accompagne de pain grillé frotté à l'ail.

Gaspacho de concombre

Pour 4 personnes
1 concombre
3 yaourts veloutés
1 cuillerée à soupe de carvi grillé
2 cuillerées à soupe d'huile d'olive
1 gousse d'ail écrasée
1 petit bouquet de menthe poivrée
sel

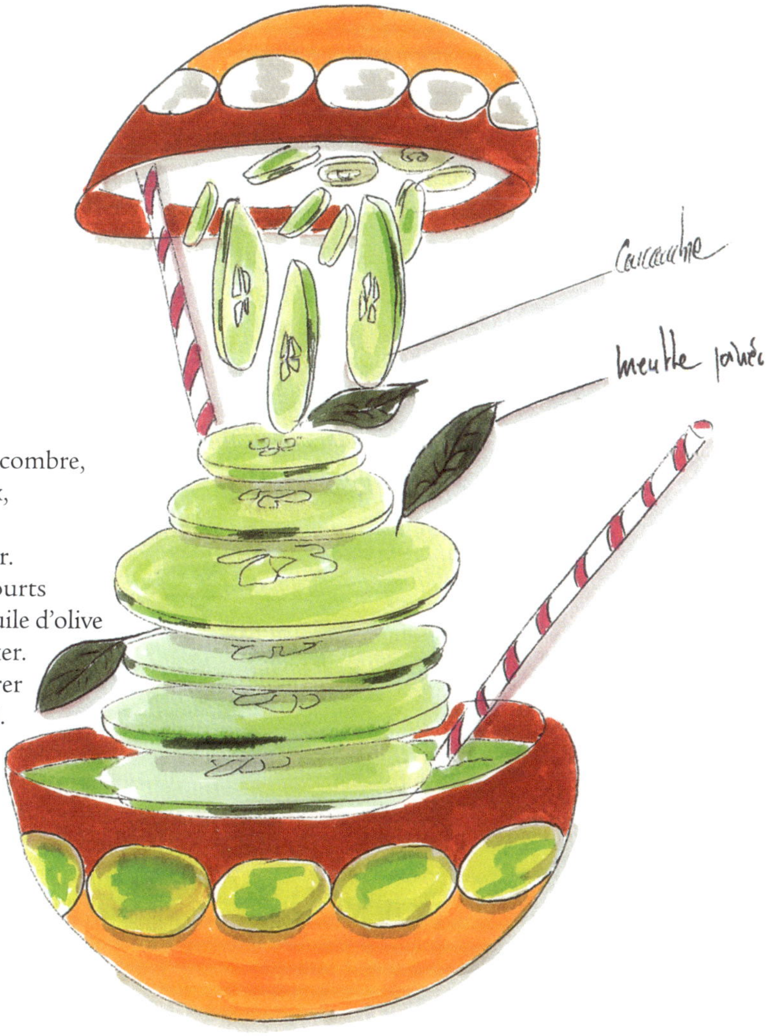

Éplucher le concombre, le couper en deux, retirer les pépins et le faire blanchir. Mélanger aux yaourts le concombre, l'huile d'olive et la menthe. Mixer. Saler et saupoudrer de grains de carvi. Servir frais.

Des

Desserts

Desserts

serts

Délicat de menthe

POUR 2 PERSONNES
3 bottes de menthe fraîche
25 cl de crème liquide
15 cl de sucre liquide
100 g de pépites de chocolat

Laver et effeuiller la menthe.
Plonger les feuilles de menthe dans l'eau bouillante 2 min.
Retirer les feuilles et les plonger dans un récipient d'eau glacée.
Mixer à froid la menthe, verser la crème et le sucre, détendre si nécessaire avec un verre d'eau.
Remplir de petits bols de crème et ajouter les pépites de chocolat.

Mariage en rose et blanc,
lait de coco et framboise

POUR 4 PERSONNES
1 grande boîte de lait de coco
500 g de framboises
1 gousse de vanille
1 cuillerée à soupe de baies rouges

Verser le contenu de la boîte de coco dans une casserole, couper la gousse de vanille en deux dans la hauteur et la plonger dans le lait de coco, porter à ébullition. Retirer du feu, laisser refroidir à couvert.
Laver et sécher les framboises.
Remplir les bols de lait de coco, déposer les framboises et saupoudrer chaque bol de baies.

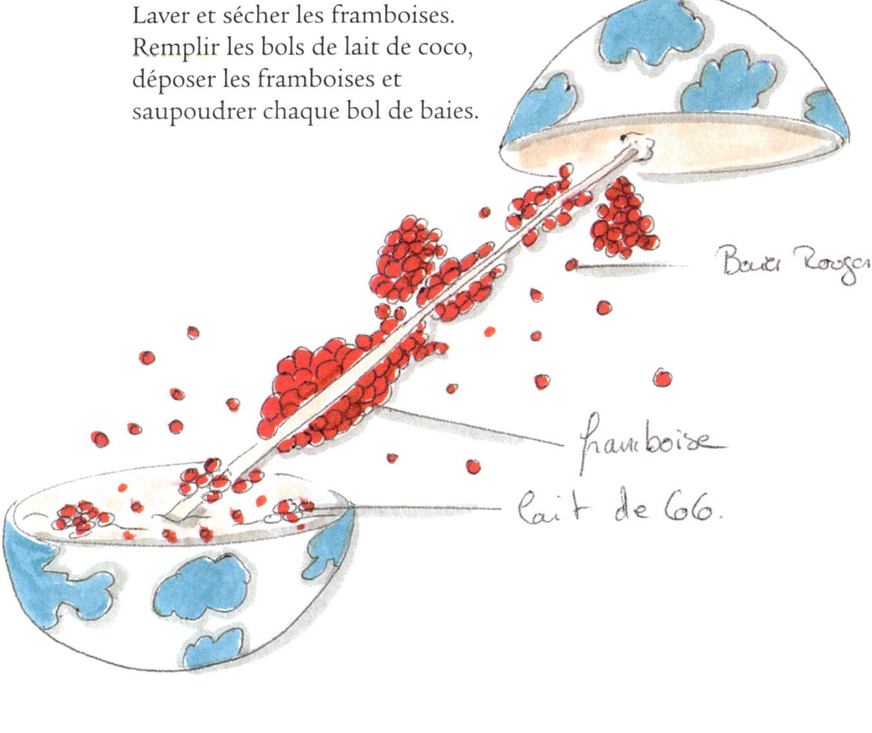

Soupe de fraises

Pour 4 personnes
1 kg de fraises
1 tige de rhubarbe
1 citron
100 g de sucre en poudre
25 cl d'eau

Laver et couper la rhubarbe en petits morceaux.
Faire chauffer une casserole en y ajoutant le sucre et l'eau, porter à ébullition. Plonger les morceaux de rhubarbe, bien remuer à l'aide d'une spatule en bois et retirer du feu.
Laisser les morceaux de rhubarbe s'imprégner.
Laver et équeuter les fraises, les diviser en deux tas équivalant à 500 g chacun, mixer le premier tas avec un jus de citron.
Détailler les fraises en petits morceaux, les mélanger au coulis de fraises, ajouter le tout à la rhubarbe et laisser reposer une bonne heure au réfrigérateur.
Servir froid.

Soupe de pêches *à la menthe*

POUR 4 PERSONNES
8 pêches de vigne
1 citron bio
100 g de sucre
1 cuillerée à café de cardamome
1 bouquet de menthe
glaçons

Pocher les pêches dans une infusion de cardamome bouillante durant 3 min.
Peler les pêches, retirer les noyaux. Laisser refroidir, réserver au froid.
Mixer les pêches, le sucre, un jus de citron et les feuilles de menthe.
Allonger si nécessaire avec des glaçons.

Menus

Menus a

diététiques

étiques

Suggestions de menus :
10 « Menus soupes »

*N*os menus donnent la part belle aux végétaux, aux céréales, aux fruits et visent l'amélioration de nos habitudes alimentaires.

Pour y parvenir, essayez chaque semaine un minimum de deux menus qui ne s'articulent pas autour de la viande ou du poisson, mais sur une alliance de végétaux...

Toutes les suggestions qui suivent concilient plaisir gustatif, variété culinaire et qualité nutritive.

Menu n° 1
- gaspacho de concombre (page 105)
- taboulé aux crevettes épicées
- abricots rôtis aux amandes

Après cette entrée des légumes crus, complétez le menu par des féculents riches en glucides lents, des crevettes pour les protéines et des fruits cuits pour les fibres.

Menu n° 2
- minestrone (page 95)
- crème à la mangue, coulis passion

L'association œufs-lait-fruit frais du dessert permet de compléter agréablement le repas. Ils fournissent protéines, calcium et vitamine C.

Menu n° 3
- soupe de fèves aux radis (page 62)
- œuf poché aux asperges vertes
- faisselle au kiwi

Limitez les féculents au menu, puisque les fèves en font partie. En revanche, ajoutez des protéines (œufs), des fibres (asperges) et un laitage accompagné d'un fruit vitaminé, absents de l'entrée.

Menu n° 4
- crème de champignons (page 39)
- salade paysanne (frisée aux pommes de terre,
- jambon Serrano, pomme crue, vinaigrette aux noix)

Avec cette soupe de légumes, servez du parmesan riche en calcium. Servez ensuite une salade composée de crudités vitaminées (salade, pomme), de féculent (glucides lents) et de jambon (protéines).

Menu n° 5
- émincé de bœuf au paprika, poivrons tricolores
- toasts de chèvre frais
- soupe de pêches à la menthe (page 111)

Faites précéder ce dessert vitaminé d'une petite dose de protéines (émincé de bœuf) associée aux fibres des poivrons. Le pain grillé fournit les glucides lents et le fromage ajoute du calcium.

Menu n° 6
- « À la renverse », bouillon de vermicelles (page 21)
- gratin de poireaux
- poire

Complétez ce bouillon à base de féculent (vermicelle) par des légumes et du fromage. Inutile de prévoir viande ou poisson, le poulet étant déjà représenté. Terminez le repas par un fruit frais, bon complément en vitamine C.

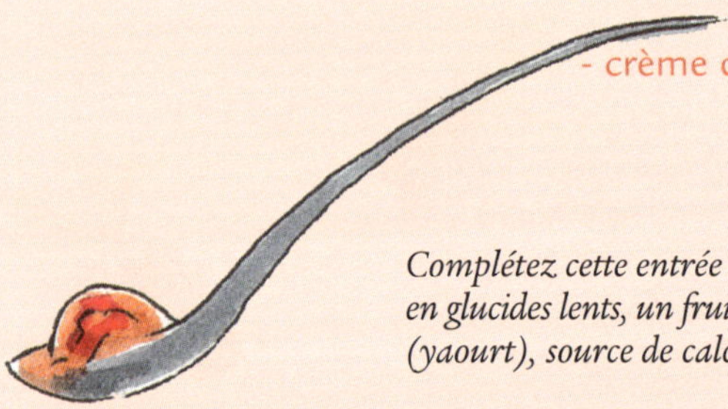

Menu n° 7
- crème d'endives au tarama (page 41)
- salade de riz et mangue
- yaourt nature

Complétez cette entrée avec du riz riche en glucides lents, un fruit vitaminé et un produit laitier (yaourt), source de calcium.

Menu n° 8

- gaspacho (page 104)
- pain grillé frotté à l'ail
- clafoutis à l'abricot

Un peu de pain pour les glucides lents, et un bon dessert riche en calcium, protéines (œufs), fibres et vitamines (abricot), sont suffisants pour équilibrer le menu.

Menu n° 9

- soupe de poissons (page 66)
- poireaux vinaigrette
- fromage blanc
- émincé d'orange à la cannelle

Inutile de prévoir des féculents au menu, car la soupe contient déjà des pommes de terre. Complétez le repas avec des légumes cuits, peu représentés dans la soupe, du laitage pour le calcium et un fruit riche en vitamine C (orange).

Menu n° 10

- « Mange ta soupe ! » (page 51)
- rouleau de jambon aux tortis de couleurs
- fromage blanc aux rondelles de kiwi

Une demi-tranche de jambon suffit pour apporter des protéines et les pâtes colorées fournissent le complément d'énergie nécessaire aux enfants dynamiques.
Ajoutez le calcium d'un fromage blanc et la vitamine C du kiwi pour l'équilibre du menu.

Lexique

Blanchir : pocher des aliments dans l'eau bouillante salée.
Chinois : passoire fine de forme conique.
Emonder : plonger un légume ou un fruit dans l'eau bouillante et l'éplucher.
Emincer : couper en tranches très fines.
Assouplir/détendre : rendre une préparation plus souple en incorporant un liquide.
Lier/liaison : consiste à donner une consistance à une préparation.
Déglacer : dissoudre les sucs caramélisés d'un plat avec un liquide.
Ecumer : retirer l'écume d'un bouillon à l'aide d'une cuillère.
Délayer : détendre.

Table des recettes

Crustacés

Cucurbitacées

Fruits frais

Herbes

Légumes secs

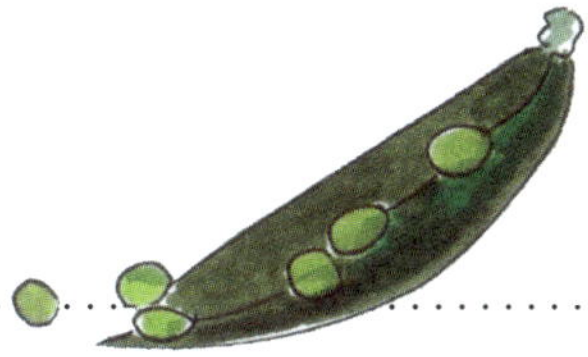

Légumes du potager

Œuf

Piment

Poisson

Pomme de terre

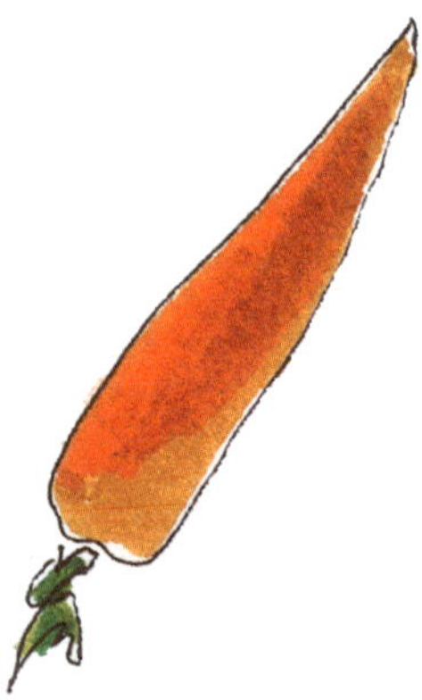

Photogravure : Micro Lynx, Rennes
Editrice : Aurélya Guerréro-Streignart
Assistante éditoriale : Faustine Julin
Collaboration éditoriale : Guillaume Guguen
Maquette : Nadine Gautier-Quentin

Cet ouvrage a été imprimé en France par l'imprimerie Pollina à Luçon (85) - L98698
I.S.B.N. 2.7373.3777.1 N° d'éditeur : 4977.01.06.01.06. Dépôt légal : janvier 2006